홍재경의 와인 클래스

Hong's Wine Class

홍재경의
와인 클래스

Preface

이 책은 저와의 오랜 약속이기도 합니다

2000년. 전 세계인이 새롭게 시작하는 밀레니엄에 대한 기대로 가슴 부풀던 무렵, 저는 '홍스 와인 클래스Hong's wine class'라는 제목을 달고 조촐하게 강의를 개설했습니다. 처음에는 몇 분의 와인 애호가를 대상으로 어설프게 시작했던 이 강의가 어느새 10년 넘게 계속되고 있고, 그동안 와인을 인연으로 만난 분들이 수천 명을 헤아립니다. 돌아보면 참 고맙고, 가슴 뿌듯한 시간이었습니다.

그러나 사실, 제가 처음부터 와인을 좋아했던 것은 아닙니다. 제 인생 최초의 와인은 어머니께서 담그신 달착지근한 포도주였습니다. 호텔에서 일을 시작하면서 정말 많은 와인을 만났지만, 저는 여전히 어머니의 포도주를 더 좋아했습니다. 아이가 어른의 음식에 익숙해지기 전에는 입에 달콤한 것만 찾듯이, 저도 와인의 세계에 입문하기까지 꽤 오랜 시간이 걸린 셈입니다. 그리고 그 후에도 진정으로 와인을 즐겼다기보다는 와인을 통해 만나는 세계를 더욱 동경했던 것 같습니다. 예쁜 보우타이bow tie를 매고 와인을 테이스팅하는 소믈리에 선배를 보면 이전에는 경험한 적이 없었던, 전혀 새롭고, 우아하고, 세련된 또 하나의 세계를 보는 듯했습니다. 바로 그 멋진 선배와의 만남을 계기로 저는 와인을 알게 되었습니다. 지금 돌아보면 참으로 철없던 시절이었지만, 우리가 무언가를 사랑하게 될 때 예측하지 못했던 계기가 작용한다는 것, 그리고 사랑에도 노력이 필요하다는 것만은 분명한 사실인 듯합니다.

늦바람이 더 무섭다고 하던가요. 와인에 뒤늦게 입문한 저는 와인에 많은 시간을 열정적으로 쏟아 부었습니다. 와인카브에서 와인병을 보고 만지기만 해도 마냥 좋았습니다. 눈여겨본 장난감이 갖고 싶어 안달하는 아이처럼 좋아하는 와인 레이블을 구하려고 온갖 꼼수를 부리기도 했죠. 하지만 와인에 대해서는 늘 미로에 갇혀 있는 듯한 답답함을 느꼈습니다. 알아갈수록 점점 더 어려워지는 와인이 밉기도 했습니다. 그래서 저는 '어려운 와인을 정복하느라 나처럼 고생하는 사람들을 위해 언젠가는 도움이 되는 일을 하자'라고 다짐했습니다. 15년간 웨이터와 소믈리에로 살아 오면서 저 스스로 와인에 대해 묻고, 대답하고, 새로 습득한 지식을 메모로 남겼습니다. 그렇게 수많은 메모가 쌓여 갔습니다. 언젠가는 그것이 저를 포함한 많은 분에게 도움이 되리라는 막연한 기대를 품고 있었던 것이죠.

호텔 생활을 정리하고 교육의 길로 들어서서, 저는 예전에 다짐했던 일을 실행에 옮기기로 했습니다. 구겨진 메모들을 하나하나 펴가면서 내용을 정리하기 시작했죠. 그중에서 와인에 대해 알고 싶어 하시는 분들이 쉽고 재미있게 이해할 만한 내용을 추렸고, 그것을 꼭 필요한 삼백여 가지 질문과 답으로 구성했습니다. 그렇게 태어난 이 책은 와인에 관한 심오한 이해나 놀라운 지식을 전달하지는 않습니다. 단지, 와인을 전혀 모르는 사람도 어떤 특별한 계기나 중요한 자리에서, 혹은 혼자서라도 의미 있는 시간을 보내고 싶을 때, 그 상황에 적합한 와인을 잘 선택하고, 마음껏 즐기는 방법을 간편하고 알기 쉽게 설명해줍니다. 물론, 각각의 와인에 어떤 특성이 있는지, 또 와인이 어떤 과정을 통해 우리 테이블에 놓이게 되는지도 한눈에 알아볼 수 있게 했습니다.

이 책이 세상 빛을 보게 된 데에는 한국 소믈리에 협회의 선·후배 소믈리에, 조니워커스쿨 제자 동문들의 여러 가지 아이디어가 큰 몫을 했습니다. 그리고 저에게는 고향과도 같은 조선호텔 선·후배님들의 도움도 컸습니다. 이 기회에 저의 영원한 멘토이신 한상돈 실장님과 존경하는 김영신 이사님께도 감사의 마음을 보냅니다. 아울러, 휴짓조각에 불과했을지도 모를 메모들을 아름다운 책으로 엮어주신 이숲 출판사 김문영 실장님께도 고마운 마음을 전합니다. 꼼꼼하게 교정을 봐주신 저의 벗이자 동료인 조니워커스쿨 성중용 부원장님과 조수민 군에게도 깊이 감사합니다.

마지막으로 제 글에 대해 많은 이야기를 들려준 사랑하는 저의 아내 영주와 아빠의 책을 위해 그림을 그려준 아들 현승에게 사랑을 전합니다. 그리고 제가 이 땅에 태어나 살아 가게 해주신 어머니, 아버지… 보고 싶습니다. 사랑합니다.

2011년 10월
홍재경

Preface 이 책은 저와의 오랜 약속이기도 합니다   5

Part 1. 와인, 아는 만큼 보인다

1. 와인과 매너
   1. 와인 글라스 잡기   17
   2. 파티에서 분위기를 살리는 와인 테이스팅하기   23

2. 와인의 이해 : 와인 병으로 알 수 있는 것들
   1. 와인 관상 보기   29
   2. 와인 병의 사이즈   33
   3. 와인 병의 바닥, 펀트   35
   4. 코르크   37
   5. 샴페인 병   45

3. 와인 테이스팅
   1. 와인 테이스팅의 준비   48
   2. 와인의 색   51
   3. 와인의 향   55
   4. 와인의 맛   59

Part 2. 와인, 즐기는 만큼 맛있다

1. 집에서 와인 파티를 해볼까?
   1. 와인 온도 맞추기   71
   2. 와인 오픈하기   75
   3. 와인 서비스하기   82
   4. 남은 와인 사용법   85
   5. 와인과 음식 매칭   87

2. 와인 디캔팅(decanting) 하기
   1. 디캔팅이란?   92
   2. 디캔터의 선택   99
   3. 디캔팅 방법   101

3. 와인 보관
   1. 와인과 숙성   107
   2. 남은 와인 보관법   109
   3. 와인 셀러의 조건   112

Part 3. 와인, 깊은 만큼 행복하다

1. 와인의 종류와 제조
   1. 와인이란? 125
   2. 스틸 와인 제조 128
   3. 샴페인(스파클링 와인) 제조 과정 132
   4. 포트와 셰리(주정 강화 와인) 제조 과정 138

2. 포도 이야기
   1. 테루아(Terroir) 140
   2. 포도의 종류 146
   3. 레드 와인 포도 품종 148
   4. 화이트 와인 포도 품종 152

3. 라벨 읽기
   1. 라벨로 알 수 있는 것 155
   2. 라벨에 표기된 국가별 용어 정리 165
   3. 국가별 등급 분류 165
   4. 국가별 와인 라벨 표기 167

4. 와인과 글라스
   1. 와인 글라스의 종류 170
   2. 와인 글라스 관리 175

Part 4. 와인과 문화

1. 와인 리스트 보기
   1. 와인 리스트의 구성   181
   2. 와인의 분류와 가격   183

2. 모임에서 와인 즐기기
   1. 와인 주문 노하우   187
   2. 와인 주문의 경제학   192

3. 와인 가져가기
   1. 코르키지 기본 상식   198
   2. 코르키지 매너   201

4. 와인 행사 참여하기
   1. 와인 행사의 종류   203
   2. 와인 행사 즐기기   205

5. 이럴 땐 이런 와인을!

1. 돈독한 관계를 맺은 비즈니스 파트너를 접대할 때   209
2. 와인 고수들의 모임에서 강한 인상을 남기고 싶을 때   212
3. 골프칠 때   215
4. 비즈니스 접대에서 생색 내고 싶을 때   217
5. 과도한 스트레스에서 벗어나고 싶을 때   219
6. 와인과 함께 행복한 고독의 순간을 즐기고 싶을 때   221
7. 존경하는 분께 고마움을 표시하고 싶을 때   223
8. 사랑하는 사람에게 프러포즈할 때   225
9. 애인의 생일을 축하할 때   227
10. 긴장된 상견례 분위기를 부드럽게 하고 싶을 때   229
11. 발렌타인 데이를 기념하고 싶을 때   231
12. 사랑했던 사람과 쿨하게 헤어질 때   233
13. 명절에 온 가족과 함께 즐기고 싶을 때   236
14. 자녀의 생일을 특별히 축하해주고 싶을 때   239

상황별 문답 쉽게 찾아보기   241
질문 목차   242

Part 1 와인, 아는 만큼 보인다

Introduction

소믈리에 사이에서도 '와인 글라스를 드는 방법에 대한 교육이 필요한가?'라는 문제에 대해서 많은 이견이 있습니다. 사실, 글라스를 어떻게 잡느냐에 따라 와인의 맛이 크게 달라진다고 볼 수는 없습니다. 또 와인의 역사가 오래된 나라에서는 우리처럼 와인 잔을 사용하는 방법에 대해 심각히 고민하지 않습니다. 한번은 학생이 제게 이런 질문을 한 적이 있습니다.

"원장님, 일전에 프랑스 국빈께서 우리나라를 방문하셨을 때 와인 글라스를 손으로 감싸 쥐고 건배하는 모습을 본 적이 있습니다. 저희가 배운 것과는 다른데, 어떻게 된 일이죠?"

'와인 글라스를 감싸 쥐는 것은 바른 매너가 아니다'라고 알고 있는 학생으로서는 문화적 충격일 수 있었겠지만, 사실 그다지 놀라운 일은 아닙니다. 가끔 외교 파티에서는 와인 글라스를 아주 자유롭게 사용하는 각국의 정상들을 만나기도 합니다. 와인 글라스를 감싸 쥐거나 우악스럽게 거머쥐고 건배하는 모습을 보게 될 때도 있죠. 또 프랑스나 이탈리아 시골 마을을 여행하다 보면 마치 우리가 사발로 막걸리를 마시듯이 수프볼로 와인을 마시는 사람들도 종종 만날 수 있습니다. 이런 이유로 '와인 글라스를 잡는 방법은 굳이 교육이 필요한 부분이 아니다'라고 말씀하시는 분도 계십니다. 저 역시 글라스를 잡는 방법으로 와인의 내공을 판별하는 것은 옳지 않다고 봅니다.

제 어린 시절 이야기를 한번 해볼까요? 집안의 막내인 저를, 어머니는 무척 아끼고 예뻐하셨습니다. 그런 저에게도 괴로운 때가 있었으니 바로 밥상 앞에서 보내는 시간이었죠. 어머니는 밥상 예절이 그 사람의 품격을 가장 잘 드러낸다고 생각하셨던 모양입니다. 그래서 식사할 때 처신하는 방법을 아주 엄격히 가르치셨습니다. 수저 잡는 방법은 물론이고 어른 앞에서 반찬을 집어 먹는 법과 밥을 먹는 법, 밥상을 물리는 법 등 어린 저에게는 몹시 까다롭게 느껴지는 예절을 아주 엄하게 가르치셨습니다. 어머니는 항상 "밥상 예절 교육이 잘된 사람은 절대 다른 사람에게 업신여김을 당하지 않는다."라고 말씀하셨죠.

손으로 김치 한 쪽을 시원하게 찢어서 더운 밥에 얹어 먹는 맛… 생각만 해도 군침이 돌죠? 그렇지만 상견례 자리에서도 그렇게 드실 용기가 있으신가요? 노래 가사처럼 젓가락질 못 한다고 밥을 굶는 것은 아니지만, "너 밥상에 불만 있느냐?"라는 소리를 들을 수 있습니다.

"와인 글라스를 어떻게 잡을 것인가?"

여러분의 선택에 맡기겠습니다.

1. 와인과 매너

1. 와인 글라스 잡기

q1 **와인 글라스는 어떻게 잡아야 하나요?**

일반적으로 오른손을 사용합니다. 엄지와 검지 그리고 중지를 이용해서 와인 글라스 다리의 중간 정도를 잡는 것이 좋습니다. 그러나 이런 방법은 몇 시간씩 서서 즐기는 스탠딩 파티에는 맞지 않습니다. 세 손가락으로 오랜 시간 글라

스 다리를 쥐고 있는 것이 쉬운 일은 아니거든요. 이럴 때 글라스를 잡는 쉬운 요령을 알려 드릴게요. 먼저 엄지와 검지를 이용해 글라스 바닥bottom과 이어진 다리 부분을 고리처럼 잡고, 중지를 바닥 밑으로 흘러 내리지 않게 편안하게 들면 됩니다. 이렇게 하면 와인 글라스가 밑으로 빠지지 않고 세련된 자세로 우아하게 파티를 즐길 수 있습니다.

와인 글라스

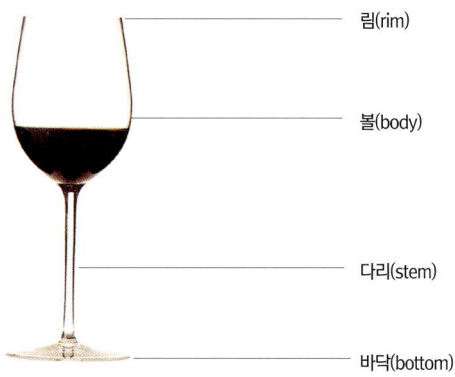

- 림(rim)
- 볼(body)
- 다리(stem)
- 바닥(bottom)

Q2 **와인 글라스 다리를 Q1처럼 잡아야 한다는 규정이 있나요?**

와인 글라스를 잡는 방법은 여러분의 선택에 달렸습니다. 그러나 잡는 모양에 따라 분위기가 달라지는 것도 사실이죠. 예를 들어, 와인 글라스의 바디 부분을 잡았을 때와 다리 부분을 잡았을 때, 후자가 훨씬 안정감 있고 보기 좋습니다. 만일 여성이 와인 글라스의 바디 부분을 잡고 건배를 제의한다면, 다소 저돌적으로 보일 수 있습니다. 글라스 잡는 모양을 보고 그 사람의 내공을 가늠하는 경향이 있는 우리나라에서는 문외한처럼 보일 수도 있고요.

와인 글라스의 다리 부분을 잡는 것이 좋다는 분들은 이렇게 말합니다. 바디 부분을 잡으면 지문으로 글라스가 지저분해지고, 알맞은 온도로 서비스된 와인이 손의 체온 때문에 맛이 달라집니다. 냉면은 한겨울에도 차갑게, 찌개는 한여름에도 뜨끈하게 먹어야 제맛이 나듯이, 와인도 알맞은 음용 온도가 있다는 말이죠. 사실, 테이블에 앉아 와인을 마신다면 글라스에 손을 대는 시간이 길지 않아서 와인이 체온 때문에 큰 영향을 받지는 않습니다. 그러나 오랫동안 글라스를 들고 있어야 하는 스탠딩 파티에서는 글라스의 다리 부분을 잡는 것이 와인의 맛을 유지하는 데에도 좋습니다.

Q3 어떻게 하면 와인 글라스로 품위 있게 건배할 수 있나요?

와인도 건배하는 방법은 다른 음료와 마찬가지입니다. 글라스를 서로 부딪치면 되죠.

다만, 와인 글라스는 다른 글라스와 달리 잔이 크고 얇아서 자칫하면 깨질 위험이 있습니다. 따라서 잔을 부딪칠 때에는 글라스 바디 중 가장 돌출한 부분끼리 서로 부딪치게 합니다.

자… 따라 해보실까요?

첫째, 눈을 마주치고 나서 글라스를 꼿꼿이 들지 말고 서로 다른 방향으로 약간 기울여(약 45도 정도) 부딪치도록 합니다.

둘째, 잔을 직접 부딪치는 방식의 건배는, 자신의 양옆 사람과 앞자리에 앉은 사람까지만 하시면 됩니다.

셋째, 한 자리 건너, 또는 먼 자리에 있는 사람과 직접 잔을 부딪치는 식의 건배는 사이에 있는 사람을 불편하게 할 수 있으므로 피하는 것이 좋습니다. 이럴 때는 '리모콘'이라고 부르는 방법을 따르는 것이 좋습니다. 글라스를 입 높이 정도로 들고 상대방과 눈을 맞추는 것으로 건배를 대신하는 거죠. 이렇게 하면 아무리 멀리 있는 사람이라도 시선만으로 건배할 수 있습니다. 영화의 파티 장면에서 흔히 나오잖아요? 멀리 있는 남녀가 잔을 들고 시선을 맞추는 장면… 그 사람들이 꼭 흑심이 있어 그런 장면을 연출하는 것은 아니랍니다.

q4 **레스토랑에서 와인을 서비스 받을 때 와인 글라스를 잡아야 하나요?**
테이블에 앉아 와인을 서비스 받을 때 와인 글라스를 들거나 잡지 말고 가만히 앉아 있으면 됩니다. 다만, 소믈리에나 서비스하는 사람이 와인을 서빙할 때 왼쪽으로 몸을 약간 움직여 안전하게 서비스할 수 있게 도와주는 게 좋습니다. 소믈리에가 서비스를 마치면 작은 동작이나 눈인사로 감사를 표하면 더 바랄 것이 없겠죠.

q5 **레스토랑에서 와인 서비스가 잘 안 될 경우 직접 서비스해도 되나요?**
되도록 삼가는 것이 좋습니다. 물론 편안한 자리라면 분위기에 따라 직접 서비스할 수 있겠지만, 이럴 때에도 서비스하는 사람에게 먼저 양해를 구하는 것이 좋습니다. 서비스의 제공은 서비스맨의 고유 업무이기 때문입니다. 그리고 비전문가가 서비스하면 안전사고는 물론, 자칫 파티가 어수선해질 수 있습니다. 서비스가 조금 늦어진다면 직원을 불러 좀 더 빠른 서비스를 정중히 요구하는 것이 좋습니다.

q6 **스탠딩 파티에서는 어떤 글라스를 선택하는 것이 좋을까요?**
일반적으로 스탠딩 파티에서 와인은 물론 맥주나 위스키 외에도 주스, 소프트드링크 등 많은 음료가 제공되니 자신이 마시고 싶은 음료를 선택해서 마시면 됩니다. 음료에는 각각 다른 종류의 글라스가 제공됩니다. 주스나 위스키는 보통 맥주잔처럼 생긴 하이볼에 마시는데, 하이볼은 와인 글라스와 달리 다리가 없어 오래 잡고 있기에 불편합니다. 게다가 보통 얼음이 담겨 있어, 직접 잡으면 손이 물기에 젖기도 하죠. 이 상태로 다른 사람과 악수라도 한다면 불쾌감을 유발할 수 있습니다. 그래서 하이볼은 종이냅킨으로 글라스를 한 번 감은 상태로 잡는 것이 좋습니다. 여기서 조언 한 가지. 되도록 와인 글라스를 선택하세요. 그것이 좀 더 우아해 보입니다.

Q7 스탠딩 파티에서 와인은 어떻게 받나요?

스탠딩 파티에서는 스스로 바bar 쪽으로 이동해서 와인을 받아야 합니다. 일반적으로 음료를 서비스하는 장소가 따로 있으므로 직접 가서 원하는 와인을 주문하면 됩니다.

와인을 다 마시고 나면 다시 와인을 리필refill 받게 되는데, 이때에는 글라스를 들고 있는 상태에서 받습니다. 와인을 남기지 않기 위해 리필 받기 전에 자신이 원하는 양을 서비스하는 사람에게 미리 알리는 것도 좋은 방법입니다. 이때 잔을 함부로 움직이지 말아야 합니다. 와인 글라스는 얇아서 쉽게 깨지기 때문에 안전사고의 위험이 있습니다.

2. 파티에서 분위기를 살리는 와인 테이스팅하기

Q8 **와인 테이스팅은 왜 하는 건가요?**

동서고금을 막론하고 음식이나 음료를 제공할 때에는 손님에게 먼저 드리는 것이 예의입니다. 그런데 유독 와인만은 손님에 앞서 주인이 맛을 보는데, 여기엔 역사적 배경이 있습니다. 유럽의 중세시대는 우리가 생각하는 것과는 달리, 우아하고 아름다운 시절은 아니었습니다. 중세 유럽을 배경으로 한 영화를 보신 분들은 아시겠지만, 식사 중에 칼을 꺼내거나, 독살을 시도하는 사례가 비일비재했죠. 그러다 보니 주인이 초대한 사람들을 안심시키기 위해 와인을 먼저 마시는 것이 관례가 되었습니다. 즉, '이 와인에는 독이 들어 있지 않으니 안심하고 드서도 됩니다'라는 뜻입니다. 식사 중에 나이프를 들고 있는 손을 흔들거나, 테이블 밑으로 손을 내려놓지 않는 것도 같은 이유입니다. 무언가 음모를 꾸밀 수 있으니까요. 그러나 지금은 그런 이유에서가 아니라, 와인의 상태가 온전한지 확인하기 위해 주인이 먼저 테이스팅을 합니다. 와인은 다른 음료와 달리 잘못 관리하면 상할 수 있습니다. 상한 와인을 손님께 드릴 수는 없죠.

Q9 **파티에서 와인 테이스팅을 생략할 수 있나요?**

생략할 수 있지만, 손님에 대한 좋은 매너는 아닙니다. 앞서 말씀드렸듯이 와인 테이스팅의 목적은 와인이 상했는지 아닌지를 판별하기 위한 것입니다. 우리나라 사람들은 겸손의 의미로 "제가 와인을 모르니 그냥 서비스해주세요."라고 말하기도 합니다. 하지만 이것은 그리 적절한 언급이 아닙니다. 왜냐하면 손님 입장에서는 "당신은 내가 와인이 상했는지 아닌지 먼저 마셔봐야 할 만큼 중요한 손님이 아닙니다." 라는 의미로 해석할 수 있고, 서비스하는 사람 입장에서는 "여기 모신 손님은 와인 맛을 모르니 대충 서비스하셔도 됩니다."라는 의미로 해석할 수 있기 때문이죠. 이것은 손님에 대한 큰 결례입니다. 와인 테이스팅은 반드시 하시는 것이 좋습니다.

q10 파티에서 와인 테이스팅은 누가 하는 것이 좋을까요?

와인 테이스팅은 일반적으로 파티 주최자host가 합니다. 주최자는 파티를 준비하고 메뉴와 와인을 정하는 것 외에도 와인 테이스팅을 하는 것이 관례입니다. 자신이 주최자임을 나타낼 좋은 기회이죠. 여러 사람이 모여 파티를 할 때, 파티에 초대된 사람들은 와인 테이스팅하는 사람이 그 파티를 주관하고 계산하는 사람임을 알게 됩니다. 돈은 내가 썼는데 과시는 다른 사람이 하게 된다면 손해 보는 비즈니스가 되겠죠? 와인 테이스팅만큼은 반드시 호스트가 직접 하시길 권합니다.

q11 감기로 입맛을 잃어 파티에서 와인을 테이스팅하기 어려울 때에는 누구에게 부탁해야 하나요?

이럴 때에는 자신이 호스트임에도 와인을 테이스팅하지 못해 죄송하다는 뜻을 반드시 손님에게 전달하고, 본인 대신 테이스팅할 사람을 직접 지정하는 것이 좋습니다. 파티에 참석한 사람 중 누구에게나 테이스팅을 부탁할 수 있지만, 만일 와인을 잘 모르는 사람을 지정하면 당사자가 부담을 느낄 수 있고, 잘못하면 상한 와인을 마시는 일도 생깁니다. 지정할 사람이 마땅치 않을 때에는 소믈리에에게 부탁하는 것도 좋습니다. 최소한 상한 와인을 마실 염려는 없고, 소믈리에를 통해 와인의 특징이나 테이스팅에 관한 이야기를 덤으로 들을 수도 있기 때문이죠.

Q12 레스토랑에서 와인을 테이스팅하고 맛이 없을 때에는 다른 것으로 바꾸어 달라고 할 수 있나요?

물론, 고객 입장에서는 그러고 싶겠죠. 하지만 레스토랑에서 교환해주어야 할 의무는 없습니다. 레스토랑에서 추가 부담 없이 와인을 교환해주는 경우는 한 가지뿐입니다. 바로 와인이 상했을 때죠. 이 경우에는 상한 와인을 반품할 수 있고, 동종의 와인이나 다른 종류의 와인으로 다시 주문할 수 있습니다. 그러나 고객이 달콤한 와인인 줄 알고 주문했는데 그렇지 않다든지, 자기가 생각한 맛이 아니라는 등의 이유로 레스토랑에서 와인을 교환해주어야 할 의무는 없습니다.

Q13 와인을 테이스팅하고 나서 어떻게 표현해야 하나요?

와인의 풍미에 관해 자신이 느낀 것을 자연스럽게 이야기하면 됩니다. 하지만, 이것이 말처럼 쉽지 않죠. 저 역시 처음 와인에 대해 이야기할 때, 마음속에는 많은 인상이 떠올랐지만, 정작 그것을 표현하지 못해 안타까웠던 기억이 있습니다. 되도록 편안하고 쉽게 말하는 것이 좋습니다.

그러나 세 가지를 주의하시기 바랍니다.

첫째, 와인에 대한 지식을 과시하지 말 것. 분위기가 어색해질 수 있습니다.

이 와인을 마시면 밀레의 〈만종〉이 보이나요?

출간 이래 꾸준히 인기를 끌고 있는 《신의 물방울(神のしずく)》이라는 만화책이 있습니다. 와인을 주제로 한 이 만화는 와인 애호가는 물론 일반인 사이에서도 인기가 높아 드라마와 애니메이션으로도 제작되었죠.

이 책과 관련해 와인에 관심이 많은 사람이 품는 의문 가운데 하나는 주인공들이 와인을 테이스팅하면서 와인을 묘사하는 대목에 관한 것입니다. 말하자면, "○○와인을 마시면 보컬 그룹 ○○가 부르는 열광적인 무대가 생각난다.", "○○을 마시면 밀레의 〈만종〉이 보인다." 등의 표현에 대해 의문을 제기합니다. 와인을 마시면 정말 그런 이미지가 떠오르는지, 만화에나 나오는 과장된 설정은 아닌지, 궁금해하는 것입니다. 그래서 이 책에 나오는 와인을 직접 마셔보면서 등장인물들이 느낀 것을 공감해보려는 사람들까지 생겼습니다. 이것 역시 와인을 배우는 방법 가운데 하나로 볼 수 있습니다. 하지만 이러한 학습을 통해 느낌이나 감성을 계발할 수는 없는 일입니다. 이런 방식으로는 와인을 제대로 즐길 수 없는 것은 물론이고 오히려 스트레스를 받기도 합니다.

저는 와인을 처음 배우면서 외국인 와인 전문가들과 대화할 기회가 자주 있었습니다. 그때 제가 가장 이해하기 어려웠던 점이 바로 와인의 맛에 관한 설명이었습니다. 딸기 향, 삼목 향, 동물의 가죽 향 등의 표현도 생소했고 와인에 관한 개인적인 느낌을 언어로 표현한 것을 이해하기가 무척 어려웠습니다.

하지만 와인을 많이 마신 사람들은 와인의 맛을 개인적인 경험으로 쉽게 풀어내곤 합니다. "저는 이 와인을 마시면 제 할머니가 생각납니다. 왜냐면 이 와인을 마시고 나서 3초 정도 지나 목 뒤에서 올라오는 과일 향은 어릴 적에 할머니께서 직접 만들어주시던 달콤한 사탕과 같기 때문입니다." 이런 말을 들을 때마다 저는 정확하게 어떤 풍미를 묘사하는 것인지 이해할 수 없어 답답한 마음뿐이었습니다.

맛있는 청국장을 먹을 때, 어떤 사람은 어머니를, 어떤 사람은 할머니를, 또 어떤 사람은 옛사랑을 떠올릴 수 있겠죠. 저는 어린 시절 어머니와 함께 큰 가마솥에 콩을 쑤고 그 숯불에 감자를 구워먹던 좋은 추억이 떠오릅니다. 하지만, 청국장을 처음 대하는 외국인들이 우리가 느끼는 그런 감정을 공유하리라고는 상상할 수 없습니다.

결국, 아는 만큼 볼 수 있고 경험한 만큼 느낄 수 있습니다. 추억은 지난 것에 대한 기억이고, 내일이면 오늘도 한 조각 추억으로 남습니다. 오늘 저녁 와인 한 병으로 가족, 친구들과 좋은 추억을 만들어 보세요. 언젠가 다시 그 와인을 마시게 된다면, 오늘의 좋은 추억이 떠오를 것입니다. 와인은 추억을 배달하는 한 장의 엽서와도 같습니다.

둘째, 되도록 긍정적으로 표현할 것. 최대한 여유를 가지고 와인을 테이스팅하면서 손님의 시선을 집중시킨 다음, 한 모금 마시고 나서 밝은 표정을 지으며 '이 와인 정말 맛있네요' 또는 '아주 좋군요' 등 칭찬하는 것이 좋습니다. 그러면 파티 분위기가 환하게 살아나죠.

셋째, 지나치게 부정적으로 표현하지 말 것. '와인 맛이 왜 이래?' 또는 '상한 와인 같아요' 등 부정적으로 표현하면, 실제로 와인의 상태가 좋더라도 파티 분위기를 해쳐서 손님들 역시 기분이 나빠질 수 있습니다. 그래서 와인이든 사람이든 긍정적으로 봐주는 것이 좋습니다. 손님으로서의 역할도 마찬가지입니다.

Q14 레스토랑에서 와인을 테이스팅했을 때 상태가 좋지 않다면 어떻게 해야 하나요?

테이스팅하다 보면 분명히 상태가 좋지 않은 와인이 나올 수 있습니다. 하지만 다른 손님들 앞에서 그 와인의 단점을 너무 부각하면 까다롭고 잘난 체한다는 인상을 주어 파티의 분위기를 흐리게 됩니다. 그렇다고 상태가 좋지 않은 와인을 그냥 마셔서도 안 되겠죠. 이럴 때에는 손님들이 눈치채지 못하게 소믈리에나 지배인을 불러 확인을 부탁하세요. 이때에는 소믈리에에게 "와인을 테이스팅하시고 설명 좀 부탁합니다."라고 하시면 됩니다. 그러면 소믈리에가 테이스팅하여 와인의 상태를 확인하고 이상이 있으면 교환해줍니다.

Q15 와인 글라스는 테이스팅할 때마다 바꿔야 하나요?

결론부터 말하자면 와인 테이스팅은 반드시 깨끗한 글라스에 해야 합니다. 이미 사용한 글라스에는 앞서 마신 와인의 잔향과 풍미가 남아 있어 새로운 와인에 영향을 미치기 때문이죠. 그러면 나중에 테이스팅하는 와인의 맛과 향을 정확하게 파악할 수 없습니다. 그러나 같은 종류의 와인을 계속 마시는 경우라면 구태여 글라스를 교환할 필요는 없습니다.

2. 와인의 이해: 와인 병으로 알 수 있는것들

1. 와인 관상 보기

q[16] **와인 병 모양에는 어떤 것이 있나요?**

와인 병의 모양은 수없이 많지만, 흔히 볼 수 있는 것은 아래와 같습니다.

부르고뉴 스타일 병
어깨가 흘러 곡선이 예쁜, 여성적인 느낌이다.

보르도 스타일 병
어깨가 높고 당당해 보여 남성적인 느낌이다.

Q17 와인 병에도 이름이 있나요?

별도의 이름이 있는 와인 병(이탈리아 '피아스코' 등)도 있으나 일반적으로 와인 병에는 이름이 따로 없습니다. 단지, 스타일로 표현할 뿐이죠.

Q18 와인 병의 이름은 어디서 유래했나요?

보통 지역명에서 유래했다고 보시면 됩니다. 보르도, 부르고뉴, 알자스 세 지역은 프랑스의 유명한 와인 산지로 각각 전통적인 병 모양이 있습니다. 언제부터 이런 형태의 병을 왜 사용했는지는 정확히 알 수 없지만, 지금도 각 지방에서는 고유한 병 모양을 유지하며 전통을 이어가고 있습니다.

특히, 보르도 스타일의 병은 어깨가 높고 각이 져 있습니다. 이것은 보르도 와인이 다른 지역의 와인과 달리 세디먼트 sediment(와인찌꺼기)가 많은 데서 비롯합니다. 세디먼트는 몸에 해롭지는 않지만, 잔에 들어가면 와인의 색을 뿌옇게 만들고 입안에 꺼칠한 느낌을 주므로 걸러내는 것이 좋습니다. 보르도 스타일의 병은 와인을 서비스할 때 각이 진 어깨 부분에서 세디먼트를 한 번 걸러주므로 편리합니다.

① 보르도 스타일 ② 부르고뉴 스타일 ③ 독일 와인(알자스) 스타일 ④ 아이스와인 스타일 ⑤ 키안티 피아스코

Q19 와인 병의 모양에 따라 와인도 다른가요?

와인 병은 지역에 따라서 모양이 다르고, 또 그 지역 포도 품종과 밀접한 관계가 있습니다. 예를 들어 보르도 스타일의 병에는 레드 와인 품종인 카베르네 소비뇽Cabernet Sauvignon이나 메를로Merlot 등이 주로 들어가고, 화이트 와인 역시 소비뇽 블랑Sauvignon Blanc, 세미용Semillon 등의 품종이 담깁니다.

부르고뉴Bourgogne 스타일의 병에는 피노누아Pinot noir와 시라Syrah 등 부르고뉴와 론Rhône 지방의 레드 와인 포도 품종이 들어가며, 화이트 와인으로는 샤르도네Chardonnay가 선택됩니다. 그 외에 알자스Alsace 스타일의 병에는 리슬링Riesling, 게브라츠 트라미너Gewurztramine 등 그 지방 포도 품종들이 들어가죠. 이런 이유로 신대륙에서도 특정한 포도 품종을 지역적 특색이 있는 병에 담으려는 경향이 생겼습니다. 따라서 병 모양만 봐도 거기 담긴 와인의 포도 품종과 스타일을 어느 정도 판별할 수 있죠.

Q20 와인 병에 색이 들어간 이유가 있나요?

와인 병에 색이 들어간 이유는 빛을 차단하기 위해서입니다. 자외선은 와인을 빨리 산화시키는 역할을 하므로, 빛을 차단하여 산화를 방지하려는 것이죠. 물론, 전혀 색이 들어 있지 않은 와인 병도 있습니다.

Q21 와인 병에는 어떤 색을 넣나요?

병 색깔은 무색에서부터 녹색, 갈색 또는 검은색에 가까운 아주 짙은색까지 다양합니다. 녹색은 일반적으로 화이트 와인에 많이 사용하는데, 와인의 신선미를 강조하는 효과가 있습니다. 갈색과 짙은색 병은 장기 숙성이 필요한 레드 와인에 사용되며, 투명한 병은 황금빛의 스위트한 와인에 많이 사용됩니다. 앞서 말했듯이 병에 색을 넣는 것은 와인의 보관과 관련된 이유도 있지만, 요즘에는 와인의 빛깔을 돋보이게 하려는 시각적 측면을 고려한 디자인을 강조하는 경향이 강합니다.

와인 병은 유리로만 되어 있나요?

암포라

처음부터 와인 용기에 유리가 사용된 것은 아닙니다. 지금까지 발견된 최초의 와인 용기는 '암포라 Amphora'라는 바닥이 뾰족한 도자기였다고 합니다. 또한, 성경 말씀에 '새 술은 새 부대에 담으라'고 했듯이 이동할 때에는 동물의 가죽을 이용한 부대가 사용되었습니다. 요즘 우리가 사용하는 유리병은 17세기가 되어서야 만들어졌습니다. 오랜 시간이 지나도 유리병이 꾸준한 인기를 끌고 있는 이유는 밀폐성이 탁월하고, 속이 들여다보여 아름답고 서비스하기에 편리하기 때문입니다. 게다가 재활용된다는 친환경적인 장점도 있죠. 보편적으로 사용되는 유리병 외에 최근에는 플라스틱, 캔, 종이팩 제품도 출시되고 있습니다.

2. 와인 병의 사이즈

q23 와인 병의 크기는 정해져 있나요?

와인 병 사이즈는 밀리리터(ml, 유럽에서는 센티리터cl: centiliter)로 표시합니다. 와인은 다른 음료보다 병의 크기가 조금 더 큽니다. 예컨대 위스키는 500ml나 700ml, 소주는 360ml, 음료수는 300ml 내외지만(물론 큰 사이즈도 있습니다) 와인은 750ml 바틀bottle을 기본으로 합니다.

아래는 각 사이즈에 따른 명칭(샹파뉴 지역 기준)입니다. 750ml 바틀을 기준으로 쿼터(quarter 187ml), 하프(half 375ml), 바틀(bottle 750ml), 매그넘(magnum 1500ml), 여로보암(jeroboam 3000ml), 르호보암(rehoboam 4500ml) 등이 있습니다. 그러나 위스키처럼 미니어처 사이즈(25ml 내외)는 없습니다. 와인 글라스로 최소한 한 잔은 나와야 하니까요.

다양한 크기의 와인 병(샴페인 병)

q24 와인 병은 왜 750ml가 기준이 되었나요?

요즘은 병을 공장에서 기계로 찍어내듯이 만들지만, 예전에는 기술자들이 일일이 입으로 불어서 만들었습니다. 병을 만들려면 우선 높은 온도에서 유리를 녹인 다음, 긴 빨대를 이용하여 입으로 바람을 불어 완성했죠. 고온에서 녹은 유리는 금방 굳기 때문에 병을 만드는 일은 한 번의 호흡으로 완성해야 하는 고난도 작업입니다. 그러다 보니 기술자의 폐활량에 따라 병의 사이즈가 달라졌기에 규격을 통일하기 위해서 기술자들의 평균 폐활량으로 만든 750ml를 기준으로 삼게 되었다고 합니다.

Q25 병의 크기에 따라 와인 맛이 달라지나요?

병의 크기가 와인 맛에 끼치는 영향이 아주 없다고 할 수는 없습니다. 특히, 병입 후에 일어나는 와인의 숙성에는 제법 영향이 있는 듯합니다. 와인 병이 클수록 산소와 접촉하는 부분이 적어서 더 천천히 숙성됩니다. 실제로 바틀(750ml)과 매그넘(1500ml)에 들어 있는 똑같은 와인을 테이스팅한 적이 있는데, 매그넘 사이즈의 와인이 훨씬 힘이 넘치고 신선하게 느껴졌습니다.

Q26 병의 무게는 얼마나 되나요?

750ml를 기준으로 가벼운 것은 400g 정도, 무거운 것은 약 1kg까지 됩니다. 와인의 무게를 약 750g이라고 가정할 때, 병의 무게를 포함하면 대략 1.5kg 정도가 됩니다. 화이트 와인 병이 가장 가볍고(약 400~500g) 레드 와인 병이 중간이며(약 450~700g), 샴페인을 포함한 스파클링 와인sparkling wine 병이 약 1kg 정도로 가장 무겁습니다. 하지만 병 무게만으로 와인의 질을 평가할 수는 없습니다.

3. 와인 병의 바닥, 펀트(Punt)

Q27 와인 병의 바닥이 오목하게 들어갔어요. 이 부분의 명칭이 따로 있나요?

오목하게 들어간 부분을 '펀트punt'라고 부릅니다. 펀트는 와인 병을 바닥에 세우기 쉽게 해줍니다. 펀트의 유무와 깊이 정도는 와인에 따라 달라집니다.

Q28 펀트는 왜 만들었나요?

최초로 와인 병에 펀트를 만들게 된 유래나 발명자는 정확하지 않습니다. 다만, 이와 관련하여 여러 가지 설이 전해지는데, 그중 가장 설득력이 있는 두 가지만 소개합니다.

첫째, 예전에 병을 만드는 세공기술이 발달하지 못했기 때문에 병 밑바닥을 평평하게 만들기가 어려웠다고 합니다. 만약 평평한 밑바닥에 조금이라도 돌출한 부분이 있으면 병을 제대로 세울 수 없기 때문에 중간 부분을 오목하게 넣어 제작했다고 합니다.

둘째, 과거에는 병을 만들 때 지금처럼 기계로 찍어내는 것이 아니라, 장인들이 일일이 입으로 불어서 만들었습니다. 긴 빨대로 불어 만들다 보니 병이 밀려 넘어지는 사고가 흔히 일어났습니다. 그래서 작업대 바닥에 병을 고정하는 나무를 박아놓고 작업했는데, 펀트의 오목한 부분은 바로 그 고정대 역할을 하던 둥근 나무 말뚝의 자국이죠. 이유야 어찌되었든, 오늘날 펀트는 와인 병의 디자인 측면에서 중요한 역할을 하고 있습니다.

Q29. 구체적으로 펀트가 와인에 어떤 영향을 주나요?

구체적으로 펀트가 와인의 숙성과 품질에 미치는 영향은 과학적으로 입증된 바 없습니다. 하지만 와인을 서비스할 때 펀트는 중요한 역할을 합니다. 일반적으로 와인, 특히 레드 와인에는 세디먼트가 있습니다. 이 미세한 찌꺼기는 바닥에 가라앉았다가 와인을 따를 때 병 밖으로 나옵니다. 속이 평평한 병에서는 찌꺼기가 쉽게 섞여들어 와인을 탁하게 하지만, 펀트가 있는 병에서는 찌꺼기가 병 밑바닥 가장자리로 모여서 잘 나오지 않습니다. 또한, 펀트는 와인을 서비스할 때 도움이 되기도 합니다. 소믈리에가 펀트에 엄지손가락을 넣고 서비스하는 모습을 자주 보셨죠? 펀트를 이용하면 안정적이면서도 품위 있게 서비스할 수 있습니다.

Q30. 고급 와인은 대부분 펀트가 깊은데, 펀트의 깊이는 와인 가격에 비례하나요?

펀트의 깊이와 와인 가격에 관한 외국 논문도 있습니다. 이 논문의 요지는 펀트가 깊이 들어간 와인이 더 비싸다는 것입니다. 실제로 비싼 와인들을 보면 펀트가 상당히 깊다는 것을 확인할 수 있습니다. 하지만 이것이 정설은 아닙니다. 몇몇 고급 와인 중에서는 펀트가 상대적으로 얕거나 병 바닥이 평평한 것도 있으니까요. 그래도 펀트가 깊으면 와인 가격이 비쌀 확률이 높은 것은 사실입니다. 그러나 요즘에는 와인 회사들이 이런 소비자의 기호를 파악했기 때문인지, 아니면 기술의 발달로 병 값이 저렴해졌기 때문인지, 비싸지 않은 와인에도 펀트가 깊은 병을 사용하는 사례를 흔히 볼 수 있습니다.

샴페인 병의 펀트가 다른 와인 병에 비해 깊은 이유는 무엇인가요?

샴페인을 비롯한 스파클링 와인 병은 다른 종류의 병보다 펀트도 깊지만, 두께도 더 두껍습니다. 이것은 샴페인의 압력으로 병이 파손되는 사고를 방지하려는 의도에서 비롯한 것입니다. 샴페인은 자동차 바퀴의 압력보다 높은 6기압 정도의 강한 압력의 탄산가스를 포함하고 있습니다. 이런 고압에 견디는 데에는 두껍고 펀트가 깊은 병이 유리합니다.

물론, 예외도 있는데, 크리스털cristal 샴페인은 펀트도 없고 병에 색깔도 없습니다. 크리스털은 제정 러시아 시절 황실에 납품되던 샴페인이었습니다. 황실에서는 황제의 안전을 위하여 두 가지를 요구했다고 합니다. 병 속이 훤히 보이게 할 것과 펀트를 만들지 말 것을 요구했던 것이죠. 첫 번째 이유는 병 내부를 볼 수 있게 하여 독약 등 불순물 유무를 쉽게 확인하기 위해서였고, 두 번째는 펀트에 폭약을 숨기는 것을 미리 방지하여 황제의 안전을 도모하기 위해서였다고 합니다.

4. 코르크

와인 병 마개는 무엇으로 되어 있나요?

와인 병 마개는 나무 재질로 되어 있고 이것을 '코르크cork'라고 합니다. 이 코르크는 참나무 계통인 코르크나무 껍질로 만듭니다. 코르크 재질은 신축성이 좋아서 오래전부터 와인 마개로 사용되었습니다.

코르크는 어떤 역할을 하죠?

마개의 가장 큰 목적은 내용물이 새지 않게 하는 것입니다. 와인 코르크 역시 그 목적이 가장 중요합니다. 코르크의 또 다른 중요한 역할은 와인의 숙성에 도움을 준다는 데 있습니다. 코르크는 다른 종류의 마개처럼 와인이 새지 않게 도와주지만, 공기의 유입을 완전히 차단하는 마개들과 달리 내부의 미세한 조직을 통해 공기를 통과시킵니다. 와인이 숨을 쉴 수 있게 도와주는 것이죠. 와인을 숙성시키는 데에는 산소의 도움이 필요합니다. 물론, 너무 많은 산소에 노출되면 산화가 빨리 일어나 좋지 않지만, 적당한 양의 산소는 와인의 맛을 더욱 부드럽게 해줍니다. 따라서 와인을 숙성시키는 데에는 코르크의 영향이 아주 크다고 할 수 있습니다.

코르크의 길이가 긴 것이 비싼 와인인가요?

코르크의 길이와 와인 가격의 관계가 전적으로 비례하지는 않습니다. 그러나 어느 정도 관련이 있는 것도 사실입니다. 코르크의 길이는 보통 4.5cm 정도이고 짧은 것은 3cm, 긴 것은 5cm를 넘기도 합니다.

앞서 코르크가 와인의 숙성과 어느 정도 관련이 있다고 말씀 드렸죠. 코르크의 길이가 짧으면 공기가 그만큼 쉽게 드나들 수 있고, 길면 공기의 왕래가 적어 오랫동안 숙성시킬 수 있습니다. 그래서 장기간 보관할 수 있는 고급 와인일수록 코르크가 긴 것을 볼 수 있습니다. 그리고 일반적으로 오랜 기간 보관할 필요가 없는 와인은 코르크의 길이가 짧습니다.

Q35 어떤 것이 좋은 코르크인가요?

와인을 오래 보존할 수 있게 해주는 코르크가 좋은 코르크입니다. 그런 목적으로는 코르크 부스러기를 압착하여 만든 것보다 천연 코르크가 좋습니다. 그 차이점은 부드러운 신축성에 있습니다. 부드러울수록 마찰력이 좋고, 공기의 순환을 더욱 원활하게 해서 와인을 숙성시키는 데 유리하게 작용합니다. 와인 병을 오픈할 때 코르크가 부스러지는 현상은 코르크가 부드럽지 않기 때문인 경우가 흔합니다.

Q36 위스키나 꼬냑 등 증류주에도 코르크 마개를 사용하는데, 와인 코르크와 차이가 있나요?

코르크 자체에 큰 차이는 없지만, 용도에는 큰 차이가 있습니다. 증류주에 사용하는 코르크 마개는 숙성을 위한 의미는 없습니다. 그래서 증류주의 코르크에는 다양한 재료의 문양이나 액세서리가 달려 있기도 합니다. 그러나 와인에는 숙성을 위한 용도가 추가되므로, 코르크가 와인용으로 사용될 때에는 조금 더 세심한 선택이 필요합니다.

Q37 **와인을 보관할 때 눕혀놓아야 하는 이유가 코르크 때문이라는데 왜 그렇죠?**

그것은 와인을 잘 숙성시키기 위해서입니다. 코르크는 재질이 나무로 되어 있어 공기도 순환하지만, 습도에 민감합니다. 건조한 곳에 코르크가 노출되면 수분이 빠져 코르크가 수축하고, 습도가 높으면 코르크가 팽창합니다. 너무 건조해서 와인의 코르크가 수축한다면 공기가 과다하게 들어가 와인이 빨리 산화하게 됩니다.

와인을 눕혀놓으면 병 안쪽의 와인과 코르크가 항상 접촉하므로, 최소한 안쪽의 코르크는 팽창된 상태를 유지합니다. 따라서 공기의 과다한 유입으로 인한 빠른 산화를 막을 수 있습니다. 반대로 와인 병을 세워놓으면 코르크가 수축하여 공기가 과다하게 드나들게 되므로 와인의 산화를 촉진합니다.

Q38 **와인을 오픈했을 때 코르크가 와인에 젖은 흔적이 있다면 그 와인은 상한 것인가요?**

그것으로 와인의 상태를 정확히 판단할 수는 없습니다. 아주 일부이긴 하지만 와이너리에 따라서 코르킹(코르크로 와인 병을 막는 과정)할 때 코르크를 완전히 적셔서 막는 곳도 있기 때문입니다. 이런 이유 외에 그런 증상이 나타난다면 와인 보관상 잘못일 가능성이 큽니다. 코르크가 와인에 젖어 있다는 것은 그만큼 공기가 유입되었다는 뜻입니다. 이것은 와인이 일반적인 상태보다 더 빨리 숙성(산화)될 수 있다는 뜻이기도 합니다. 이런 증상은 코르크가 불량이거나 와인 보관 시 열에 노출되었을 때 발생합니다. 하지만 여기에 너무 민감하게 반응할 필요는 없습니다. 공기가 과다하게 들어가면 와인이 쉽게 산화되지만, 한편 숙성을 빠르게 진행할 수 있다는 긍정적인 효과도 있습니다. 실제로 저는 그런 와인이 기대하지 않았던 향과 맛을 내는 경우를 가끔 경험합니다.

39 와인의 캡실(capseal)이 솟아오른 것은 왜 그런 건가요?

이런 와인을 오픈해보면 코르크가 젖어 있는 경우가 흔합니다. 이것은 앞의 경우와는 조금 다른데, 공기가 많이 들어간 것이 아니라, 와인을 보관할 때 과다한 열에 노출되어 온도가 상승한 와인이 팽창하면서 코르크를 밀어 올린 경우입니다. 이렇게 온도가 올라간 와인은 산화는 물론, 필요 없는 화학 반응이 일어나 풍미를 잃어버립니다. 그래서 이런 와인은 와인 장터에서 아주 저렴하게 판매되기도 합니다. 하지만 도전해보세요. 경우에 따라서는 괜찮은 와인일 수도 있습니다. 와인의 실제 상태는 와인을 맛보기 전에는 아무도 모릅니다.

40 어떤 이유로 코르키한 와인이 생기나요?

'코르키corky'하다는 것을 프랑스어로는 '부쇼네bouchonné'라고 하고, 코르크가 오염되어 일반적으로 마실 수 없는 와인으로 분류합니다. 이런 와인은 전체 와인의 약 7% 정도에 이른다고 합니다.

코르크를 만들 때 여러 과정을 거쳐 소독을 하게 됩니다. 그러나 소독이 잘 되지 않아 오염된 코르크를 사용하는 경우에는 이것이 와인 향에 나쁜 영향을 주게 됩니다. 곰팡내와 같은 불쾌한 냄새가 섞여서 정상적으로 산화된 와인과는 다른 향이 납니다.

41 와인을 오픈하기 전에 코르키한 것을 미리 알 수 있나요?

와인을 오픈하고 향을 맡기 전까지는 누구도 알 수 없습니다. 사람과 마찬가지로 절대로 외모를 보고 와인을 판단하지 마세요.

42 코르크에는 어떤 내용이 적혀 있나요?

코르크에 표시하는 내용에 대한 법적인 규정은 없습니다. 일반적으로 와인의 이름이나 빈티지 등이 적혀 있습니다. 예전에는 가짜 와인의 유통을 방지하기 위해 고유번호나 문양 등을 넣기도 했다고 합니다. 물론, 아무 표시가 없는 코르크도 많습니다.

43 리코르킹(re-corking)이란 무엇인가요?

와인을 오래 보관하면 코르크가 상해서 제구실을 못하는 경우가 생깁니다. 이럴 때 와인이 새거나 공기가 너무 많이 들어가 빨리 산화되기도 합니다. 그래서 오래된 코르크를 빼버리고 새로운 코르크로 대체하는 작업을 하는데 이것을 '리코르킹'이라고 부릅니다. 와인 회사마다 차이가 있으나 약 15~30년마다 한 번씩 코르크를 교체합니다. 리코르킹은 와인을 생산한 와이너리에서 직접 하며 이때 오래되어 줄어든 와인의 양만큼 새로운 와인을 채워 리코르킹을 완성합니다.

44 오래된 와인인데 양이 조금 줄었습니다. 이런 와인을 마셔도 되나요?

오래된 와인 Old Vintage 에서 일어나는 자연스러운 현상입니다. 이것을 '얼리지 ullage (缺減)'라고 합니다. 얼리지는 와인 병을

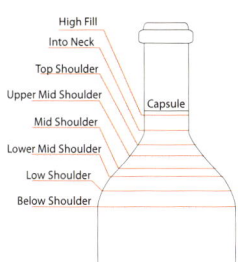

세웠을 때 코르크와 와인 사이의 공간을 뜻합니다. 원래 와인 병입 시 1.5cm~2cm 정도 공간을 두지만, 숙성되면서 와인이 증발하면 얼리지가 커지게 됩니다. 오래된 와인일수록 얼리지가 늘어납니다. 그런데 얼리지의 양만으로는 와인의 부패 정도를 알 수 없습니다. 왜냐면 병 속의 와인이 줄어드는 것은 자연스러운 현상이고 와인에서만 볼 수 있는 묘미이기 때문이죠. 하지만 얼리지가 너무 크다면 와인에 이상이 있을 수 있으니 구매 시 신중을 기해야 합니다.

Q45 와인 중에 마개가 플라스틱으로 된 것이 있는데 와인의 질과 관계가 있나요?

플라스틱 코르크의 장점은 코르키(부쇼네)한 와인을 줄일 수 있고, 재활용이 가능하므로 자연친화적이라는 데 있습니다. 플라스틱 코르크는 다양한 형태로 출시되고 있는데, 플라스틱 코르크와 천연 코르크가 와인에 미치는 영향에 대하여 구체적으로 보고된 자료는 많지 않지만, 일반적으로 신선한 와인에 주로 사용되고 있습니다. 장기 숙성용 와인에 플라스틱 코르크를 사용하는 경우는 흔하지 않습니다. 아무래도 천연 코르크가 좀 더 격조 있어 보이기도 합니다.

Q46 스크루캡(screw cap)은 저렴한 와인에만 있나요?

그렇지 않습니다. 스크루캡은 와인을 더욱 쉽고 저렴하게 즐기는 방법으로 고안된 것입니다. 구대륙 와인보다는 호주를 비롯한 신대륙 와인에서 자주 찾아볼 수 있죠.
스크루캡의 장점은 언제, 어디서든 누구나 쉽게 와인을 즐길 수 있다는 것입니다. 사실 와인 초보자들은 코르크로 되어

있는 와인을 오픈할 때 낭패를 본 경험이 한두 번은 있을 겁니다. 그런 면에서 스크루캡은 와인을 편하게 즐길 수 있게 개발한 좋은 제품입니다. 또한, 천연 코르크는 자연을 훼손한다는 부정적인 측면이 있습니다만, 스크루캡은 재활용이 가능하므로 자연친화적이라는 장점이 있습니다. 그래서 요즘은 고가의 와인에도 과감히 스크루캡을 도입하는 회사가 늘어나는 추세입니다.

q47 스크루캡의 와인도 오래 숙성시킬 수 있나요?

이 문제에 대한 정확한 연구보고는 아직 없습니다. 하지만 스크루캡을 사용하는 와이너리 측은 스크루캡도 와인을 장기숙성시키는 데 문제가 없다고 합니다. 그들의 주장에 따르면 와인을 숙성시키는 데 산소가 필요한 것은 사실이지만, 코르크를 통한 공기의 순환이 반드시 필요한 것은 아니며 얼리지에 있는 공기만으로도 충분하다는 겁니다. 얼마 전 10년 넘은 스크루캡 와인을 테이스팅할 기회가 있었는데 숙성이 아주 잘 되어 있음을 확인할 수 있었습니다. 스크루캡은 곰팡이로 인한 감염을 방지하거나 외부의 좋지 못한 향을 차단하는 데 코르크보다 효과가 훨씬 더 좋다고 합니다. 물론, 코르크를 선호하는 와인메이커들은 비교를 거부합니다만…. 아무튼, 현재로서는 코르크 부족 등의 이유로 스크루캡을 사용한 와인이 점점 늘어나고 있고 앞으로도 늘어날 전망입니다. 호주의 유명한 와이너리인 울프 블라스Wolf Blass에서는 몇년 전부터 전 제품에 스크루캡을 사용하고 있습니다. 와인에서 가장 중요한 것은 와인 자체이므로 마개에 대한 지나친 집착은 버리시기를 조언합니다.

5. 샴페인 병

샴페인을 비롯한 스파클링 와인은 왜 캡실로 길게 싸여 있나요?

샴페인은 다른 일반 와인과 달리 병 윗부분이 캡실로 길게 싸여 있습니다. 지금은 각 회사의 독특한 디자인으로 자리를 잡았지만, 처음부터 디자인을 고려해서 그렇게 만든 것은 아니었습니다. 샴페인을 제조할 때 탄산가스CO_2를 생성하도록 하기 위해 병에서 2차 발효를 시키는데, 그 과정이 끝나면 병에 효모 찌꺼기가 남습니다. 그래서 그 찌꺼기를 제거하는 과정이 필요한데, 이것을 '데고르주망dégorgement'이라고 부릅니다. 그런데 이렇게 병 속의 찌꺼기를 제거하고 나면 아무래도 샴페인 양이 줄어들겠죠? 그래서 모자란 양만큼 새로운 샴페인으로 채워주는 '도사주dosage'라는 과정을 거쳐 샴페인이 완성됩니다.

그런데 예전에는 도사주 과정 없이 소비자들에게 그대로 판매했다고 합니다. 소비자들로서는 양이 부족한 와인에 선뜻 손이 가지 않았을 것입니다. 그래서 샴페인 메이커들이 궁여지책으로 어떤 방법을 고안했을까요? 바로 그 모자란 부분을 캡실로 가리는 것이었죠. 이처럼 캡실은 소비자들의 거부감을 완화하려는 와인메이커들의 깜찍한 발상이었습니다. 또한, 캡실에는 디자인을 통해 미학적인 가치를 부여하겠다는 의도도 포함되어 있고, 병 목과 코르크를 감싼 철사가 녹슬지 않게 하는 실질적인 기능도 있습니다.

q 49 샴페인 코르크를 감싸는 철사에는 어떤 용도가 있나요?

샴페인을 포함한 스파클링 와인에는 스틸still 와인에 없는 탄산가스가 있습니다. 그 덕분에 샴페인은 특유의 맛과 향을 내죠. 이 탄산가스 때문에 병 안에는 약 6기압 정도의 높은 압력이 생기는데, 만일 철사로 마개를 고정하지 않는다면 이 압력이 코르크를 밀어낼 가능성이 있습니다. 그래서 철사로 코르크를 단단히 고정하는 것입니다.

q 50 샴페인 병의 코르크가 일반 코르크보다 단단한 이유는 무엇인가요?

일반 스틸 와인의 마개는 천연 코르크를 모양 그대로 잘라낸 하나의 조각으로 되어 있지만, 샴페인의 마개는 각기 다른 코르크 세 조각을 붙여 만듭니다. 맨 윗조각은 코르크 조각을 압착하여 사용하고, 아래 두 조각은 방향을 엇갈리게 하여 붙인 것입니다. 이 코르크 마개는 강한 압력을 견딜 수 있게 특수하게 고안된 것입니다.

병 입구의 크기를 비교하면 샴페인 병과 일반 와인 병 사이에는 큰 차이가 없습니다. 하지만 샴페인 코르크는 스틸 와인 코르크보다 약 1.3배 정도 큽니다. 압력이 강한 탄산가스가 빠져나가는 것을 막기 위해 스틸 와인보다 더 단단하고 큰 코르크가 필요한 것이죠.

q 51 샴페인 코르크의 모양이 각기 다른데, 샴페인의 종류에 따라 다른 건가요?

일반 와인의 코르크는 일반적으로 I자 모양이지만, 샴페인 코르크는 송이버섯 모양입니다. 하지만 처음부터 송이버섯 모양의 코르크로 샴페인 병을 막는 것은 아닙니다. 원래 모양은 일반 코르크와 같은 I자 형이지만 시간이 지남에 따라 모양이 달라지는 것이죠. 그래서 코르크의 모양을 보면 샴페인을 병입하고 나서 시간이 얼마나 지났는지 짐작할 수 있습니다. 오래되지 않은 것일수록 탄력이 좋고 I자에 가깝습니다. 병입된 지 오래된 샴페인일수록 코르크가 작고 단단하며 끝 부분이 뾰족해집니다. 이것은 탄산가스의 압력 때문에 생기는 자연스러운 현상으로 와인의 질과는 아무런 상관이 없습니다.

왼쪽이 병입한 지 오래되지 않은 것이고 오른쪽이 병입한 지 오래된 코르크이다.

3. 와인 테이스팅

1. 와인 테이스팅의 준비

Q52 왜 눈을 가리고 와인을 테이스팅하나요?

테이스팅 방법 중에 '블라인드 테이스팅blind tasting'이라는 것이 있습니다. 낱말 자체로는 '눈을 가리고 테이스팅한다'라는 뜻이지만, 와인을 테이스팅할 때 실제로 눈을 가리지는 않습니다. 와인 테이스팅의 즐거움 중 하나가 '보는 즐거움'으로 그것은 입으로 즐기는 것에 못지않기 때문입니다. '블라인드 테이스팅'이란 와인에 대한 어떤 정보도 없는 상태에서 테이스팅하는 것을 의미합니다. 즉, 와인에 대한 선입견 없이 맛으로 공정하게 평가하는 것이죠. 반면에 세미semi 블라인드 테이스팅은 와인에 대한 일부 정보만을 가지고 테이스팅하는 것을 말합니다. 예컨대 포도 품종이나 지역, 가격대 등 일부 정보만 주고 테이스팅해서 평가하기도 합니다.

Q53 블라인드 테이스팅 준비는 어떻게 하나요?

블라인드 테이스팅은 와인을 테이스팅하는 사람에게 어떤 정보도 제공하지 않는 것이 중요합니다. 정보를 주면 그 정보에 치중하여 객관적으로 판단할 수 없기 때문이죠. 일반인은 물론 소믈리에도 주어진 정보에 따라 테이스팅하는 경향이 있습니다. 그래서 테이스팅할 때 와인 병을 완전히 감싸서 라벨이 보이지 않게 하거나, 디캔터decanter 등에 옮겨 서비스합니다.

Q54 수직 테이스팅과 수평 테이스팅은 무엇인가요?

수직 테이스팅을 버티컬Vertical 테이스팅, 수평 테이스팅을 호리존틀Horizontal 테이스팅이라고 합니다.

버티컬 테이스팅은 특정한 카테고리 와인을 빈티지를 달리하여 테이스팅하는 것을 말합니다. 즉, 같은 와인의 다른 빈티지를 시음하는 방법이죠. 반대로 호리젠탈 테이스팅은 특정한 빈티지의 종류가 다른 와인들을 테이스팅하는 것입니다. 예를 들어 '2006년 보르도 그랑크뤼 와인 테이스팅'처럼 특정 지역에서 생산된 같은 빈티지를 시음하는 것을 말합니다. 버티컬 테이스팅은 와인의 숙성도에 따른 맛의 변화를 알기 쉽고, 호리젠탈 테이스팅은 특정 빈티지의 특징을 파악하기에 좋습니다.

Q55 테이스팅은 어떻게 준비하나요?

와인과 글라스만 있으면 어디서든 할 수 있습니다. 하지만 더욱 집중력 있는 테이스팅을 위해서는 몇 가지 조건이 필요합니다.

첫째는 깨끗한 글라스입니다. 글라스가 청결하지 못하면 색과 향을 제대로 느낄 수 없습니다. 둘째는 테이스팅하는 장소의 환경입니다. 와인의 색을 정확하게 보려면 자연광에 가까운 빛이 있어야 하고, 와인의 향을 제대로 파악하려면 다른 냄새가 나지 않아야 합니다. 물론, 진한 향수나 화장품도 삼가는 것이 좋겠죠. 셋째, 가장 중요한 것은 테이스팅하는 사람의 컨디션입니다. 만약 감기 등으로 신체적 컨디션이 좋지 않으면 와인의 향과 맛을 제대로 감별하기 어렵습니다. 넷째, 식후보다는 식전에 테이스팅하는 것이 혀의 감각이 예민하여 집중도가 높아집니다. 하루 중 가장 테이스팅에 민감한 시간은 아침을 거른 상태의 점심식사 전이라고 합니다.

Q56 소믈리에는 중요한 테이스팅을 앞두고 양치를 하지 않는 것이 좋다던데, 사실인가요?

와인 테이스팅은 소믈리에와 와인 전문가들에게는 아주 중요한 업무입니다. 그런데 양치할 때 사용하는 치약의 강한 맛과 향은 와인을 제대로 음미할 수 없게 하고 특히, 와인의 맛을 쓰고 거칠게 느껴지게 합니다. 양치하고 나서 과일을 먹으면 맛이 없게 느껴지는 것과 같은 이치입니다. 마찬가지로 테이스팅 중에도 테이블 워터 table water로 입안을 잘 헹구는 것이 좋습니다.

Q57 테이블 워터는 어떤 물을 말하나요?

소믈리에나 레스토랑에서 말하는 테이블 워터는 '물'이 아니라, '빵 bread'을 의미합니다. 식사 중 물은 목을 축이기보다는 입안을 항상 깨끗하게 유지하는 용도로 사용됩니다. 입안이

개운하면 와인의 맛을 더 섬세하게 느낄 수 있기 때문이죠. 그래서 테이블 워터는 최대한 맛과 향이 절제되어야 합니다. 그 용도가 가장 좋은 것은 짠맛, 단맛이 들어 있지 않은 빵(바게트, 하드롤, 식빵 등)이 적당합니다. 이것이 없다면 담백한 크래커 종류도 좋습니다.

2. 와인의 색

Q58 와인의 색은 어떻게 보는 것이 좋은가요?

색을 정확하게 보려면 테이블에 흰색 천을 깔아놓는 것이 좋습니다. 천의 색이 짙으면 와인의 색과 겹쳐져 정확하게 볼 수 없습니다. 테이블에 색이 있는 시트가 깔렸다면 흰색 냅킨이나 종이 등을 와인 글라스 뒤에 두고 와인의 색을 보는 것도 좋은 방법입니다. 색을 관찰할 때 잔을 약 45도 정도 비스듬히 기울이면 와인이 넓게 퍼져 깊이에 따라 색을 자세히 볼 수 있습니다.

Q59 화이트 와인과 레드 와인의 색을 관찰하는 방법은 똑같은가요?

화이트 와인이라고 해서 색을 보는 방법이 다르지는 않습니다. 화이트 와인은 시원한 상태에서 서비스되므로 글라스 표면에 김이 서려 색깔이 잘 보이지 않을 수도 있습니다. 이럴 때에는 냅킨 등을 이용하여 와인 글라스에 맺혀 있는 물기를 제거하고 나서 보면 좋습니다.

Q 60 포도 품종에 따라 와인 색에 차이가 있나요?

물론입니다. 화이트 와인 소비뇽 블랑은 일반적으로 녹색 빛을 띠며 세미용Semillon은 금빛을 띱니다. 이것은 포도를 수확하는 시점의 포도 껍질과 비슷한 색으로 맛과도 연관지을 수 있습니다. 일반적으로 녹색 빛이 도는 와인은 맛이 신선한 것이 특징이고, 금빛이 도는 와인 중에는 감미가 있는 것이 많습니다.

레드 와인도 포도 품종에 따라 다른 빛깔을 보여주는데 이것은 포도 껍질의 두께와 관련이 있습니다. 껍질이 얇은 피노 누아나 가메Gamay 같은 품종은 옅은 붉은색을 띠고, 껍질이 두꺼운 카베르네 소비뇽이나 말벡Malbec은 짙은 붉은색을 띠게 됩니다. 색은 맛에도 영향을 미칩니다. 진한 붉은색 와인은 타닌tannin이 강하고 오래 보관할 수 있는 장기 숙성용 와인이 많습니다.

Q 61 와인 색과 맛은 서로 관계가 있나요?

우리는 사물이나 대상을 관찰할 때 먼저 외형을 봅니다. 사람도 외모를 보면 나이나 성격, 자라온 환경 등을 짐작할 수 있듯이 와인도 색을 보면 품종, 지역, 숙성도 등을 알 수 있죠. '보기 좋은 떡이 먹기도 좋다'는 말처럼 자신이 좋아하는 색의 와인이 입맛에도 좋게 느껴질 가능성이 큽니다.

Q 62 숙성 정도에 따라서도 색의 차이가 있나요?

일반적으로 숙성이 많이 될수록 화이트 와인은 색이 점점 진해지고 레드 와인은 색이 옅어지는 현상을 볼 수 있습니다. 화이트 와인은 숙성 초기(와인 업계 속어로는 '젊다'는 뜻으로

'young하다'라고 말하기도 합니다)에 녹색을 띠다가 숙성이 진행될수록 노란색을 띠며, 숙성이 지나치면 갈색으로 변합니다. 처음에는 푸른빛이 돌다가 점점 색이 짙어져 갈색이 되는 목련꽃처럼 변하는 거죠. 레드 와인은 숙성 초기에 자주색을 띠지만, 숙성이 진행되면서 진홍색, 적갈색, 갈색의 순서로 색이 변합니다. 오래 숙성된 와인을 글라스에 따라놓았을 때 잔의 가장자리에서 중앙으로 갈수록 색이 달라지는 것을 육안으로도 확인할 수 있습니다. 중앙과 가장자리의 색이 다르고, 가장자리의 색 테두리가 두꺼울수록, 그리고 그 부분이 옅어질수록 와인이 오랜 기간 숙성되었음을 알 수 있습니다.

숙성도에 따른 와인 색의 변화

향을 즐길까요? 냄새를 확인할까요?

외국에서 와이너리를 방문하거나, 여러 가지 행사를 치르면서 외국 사람들과 함께 와인을 테이스팅하는 기회가 종종 있습니다. 이럴 때마다 그들과 우리의 테이스팅하는 방법에 차이가 있음을 발견하곤 합니다.

와인을 테이스팅할 때 사용하는 시각, 후각, 미각 중에서 우리나라 사람들은 미각(맛)을 가장 많이 사용하고, 외국 사람들은 후각(향)을 더 많이 사용합니다. 이것은 테이스팅한 와인을 평가할 때 어떤 감각과 관련된 내용을 가장 많이 이야기하는지를 보면 금세 알 수 있죠. 우리나라 사람들은 미각적 표현(달다, 쓰다, 맵다 등)이 후각적 표현(블랙베리, 젖은 나무, 제비꽃, 트러플 등)보다 분명하고 명확하기에 맛에 더 중점을 두는 것이 아닌가 싶습니다. 물론, 향에 관한 표현은 위에서 본 것처럼 우리가 흔히 접하지 못하는 사물을 인용하기에 더욱 어렵게 여겨지는 것 같습니다.

그러나 제일 중요한 것은 우리 문화의 고유함 때문인 것 같습니다. 외국 사람들은 식사할 때 두 번 감동(칭찬)하고 나서 먹기 시작합니다. 첫 번째는 눈으로 아름다움을 칭찬하고, 두 번째는 향을 깊이 즐기고 나서 먹습니다.

그런데 우리 문화는 이런 감동을 허용하지 않습니다. 잘 차려진 음식에 코를 대고 냄새를 맡는다면 함께 식사하는 사람이 뭐라고 할까요? 자리를 마련한 사람으로서는 상당히 불쾌할 수 있습니다. 이런 행동은 음식이 상했거나 의심스러울 때 보이는 반응으로 비치기 때문이죠. 이런 문화적 특성 때문에 우리는 자신도 모르게 향에 둔감한 것입니다.

외국 문화에서는 향을 즐기지만, 우리 문화에서는 냄새를 확인합니다. 향을 무시하고는 음식과 와인을 제대로 즐긴다고 볼 수 없습니다. 마치 예쁘기는 하지만 향이 없는 조화를 보는 것과 같습니다. 자, 글라스에 코를 깊이 넣고 향을 충분히 즐기세요.

3. 와인의 향

Q63 **와인의 향은 왜 구분하기가 어려운가요?**

우리나라 사람들이 와인을 테이스팅할 때 가장 어렵다고 느끼는 요소가 바로 향입니다. 바닐라, 딸기, 후추 등 익숙한 것들은 그나마 쉬운 편에 속하지만, 블랙베리, 블루베리, 카시스, 리치 등의 향은 아주 생소합니다. 그리고 이런 향들이 하나하나 올라오는 것이 아니라 복합적으로 섞여 있을 때에는 더욱 분별하기 어렵죠. 향을 구분하는 데 왕도는 없습니다. 오랜 시간 와인을 자주 즐기는 수밖에요.

Q64 **향은 어떻게 맡아야 하나요?**

향을 잘 맡기 위해서는 와인 글라스에 적당한 양의 와인을 채우는 것이 중요합니다. 글라스에 와인을 1/4~1/3 정도 따르면 나머지는(글라스의 3/4~2/3 정도) 향으로 채워지죠. 반대로 와인을 글라스에 가득 채우면 향이 그만큼 적어집니다. 풍부한 향을 느끼기 위해서는 스월링swirling을 하는 것이 좋습니다. 스월링이란 와인이 들어 있는 글라스를 가볍게 돌려 와인이 글라스 안에서 회오리를 돌게 하는 것을 말합니다. 이렇게 하고 난 뒤에는 코를 글라스에 깊이 대고 숨을 깊이 들이쉬면서 향을 맡으면 됩니다.

Q65 **스월링은 왜 하나요?**

이유는 두 가지입니다. 첫 번째는 와인의 섬세하고 복잡한 향을 느끼기 위해서입니다. 두 번째는 이렇게 함으로써 와인이 공기와 접하는 시간을 늘려 브리딩breathing이 빨리 이루어지게 하는 것입니다. 브리딩이란 와인이 숨을 쉰다는 뜻으로 공기와 접촉한 와인이 향이 풍부해지고, 맛이 부드러워지는 현상을 말합니다.

Q66 스월링하는 방법에는 어떤 것이 있나요?

두 가지 방법이 있습니다. 첫 번째는 테이블 앞에 앉은 상태에서 글라스를 테이블 위에 놓고 하는 방법으로 오른손의 검지와 중지를 글라스의 바텀bottom 위에 살짝 올립니다. 그리고 손바닥의 아랫부분을 테이블 위에 고정하고 글라스 바텀 위에 올린 검지와 중지만으로 글라스를 한쪽 방향으로 천천히 돌리면 됩니다. 이렇게 하면 주위에 있는 사람들의 시선을 피할 수 있고 와인이 쏟아지는 것을 막을 수 있습니다.

두 번째는 글라스를 들고 하는 방법입니다. 이때에는 오른손으로 글라스의 스템stem 부위를 잡고 천천히 돌리면 됩니다. 글라스를 들고 할 때 자칫 잘못하면 와인이 쏟아질 수 있으므로 조심해야 합니다.

Q67 식사할 때 스월링을 해도 실례가 되지 않나요?

스월링은 와인을 더 잘 즐기는 방법이므로 실례가 되거나 매너에 어긋나지 않습니다. 하지만 동작이 너무 크거나 와인을 쏟기라도 한다면 다른 사람의 눈총을 살 수 있겠죠.

Q68 와인의 향을 몇 차례에 걸쳐서 맡아야 하나요?

두 번에 걸쳐서 맡습니다. 먼저, 와인을 글라스에 따른 다음 가만히 두었다가 글라스를 흔들지 말고 맡아 보세요. 이렇게 하면 그 와인에서 가장 풍부한 향이 두드러지게 느껴집니다. 그 다음에 스월링을 하고 맡아 보세요. 이렇게 하면 더욱 강하고 복잡한 와인의 향이 느껴집니다.

Q69 와인의 향은 몇 가지가 있나요?

정확하게 몇 가지가 있다고 말할 수 있는 사람은 없을 겁니다. 수백 수천 가지가 될 겁니다. 같은 향이라도 사람마다 다르게 느껴지니 더욱 그렇습니다. 일반적으로 와인의 향은 아로마aroma와 부케bouquet의 두 가지로 나뉩니다. 아로마는 문자 그대로 '향'을 뜻하고, 부케는 프랑스어로 '다발', '묶음'을 의미합니다. 어쨌든, 이런 구분은 그리 중요하지 않습니다. 왜냐하면 자신이 정말 좋아하는 향을 찾고 즐기는 것이 가장 중요하니까요.

Q70 와인 향의 아로마와 부케는 어떻게 다른가요?

아로마는 포도에서 나는 향을 말합니다. 이것이 청포도인지, 적포도인지, 또는 샤르도네인지, 소비뇽 블랑 포도 품종인지, 포도 특징에 따라 다른 향이 나게 됩니다. 보통 청포도 계열은 신맛 나는 과일 향citrus이 많고 적포도 계열은 붉은 열매 계열berry의 향이 두드러집니다. 이런 아로마는 일반적으로 신선한 와인에 많습니다.

이에 비해 부케는 와인이 숙성되면서 나는 향으로, 포도 과일 자체의 향과는 다른 향을 보여줍니다. 샤르도네에서는 바닐라 향, 카베르네 소비뇽에서는 비에 젖은 나뭇잎 향, 피노 누아에서의 트러플 향이 그 예입니다. 이런 향은 숙성된 와인에서 많이 느껴지고 오크통에서 숙성할 때 더 큰 영향을 받습니다. 이 부케는 와인 초보자들에게는 자칫 비호감으로 느껴질 수 있지만 숙성된 와인에서 맡을 수 있는 자연스럽고 좋은 기운의 향이라고 할 수 있습니다. 잘 숙성된 청국장이나 홍어에서 느낄 수 있는 향처럼 말이죠.

Q71 와인 향을 깊이 맡다 보면 코가 쉽게 마비가 되는데 이럴 때에는 어떻게 하면 되나요?

무슨 향이든 집중해서 오랜 시간 깊이 맡다 보면 코가 쉽게 피로해집니다. 이럴 때에는 신선한 공기나 다른 향으로 코를 환기시키는 것이 좋습니다. 제가 가장 좋아하는 방법은 바게트나 토스트 등의 빵 냄새를 맡는 것입니다. 이외에도 쉽게 할 수 있는 방법은 소맷자락이나 손바닥 냄새를 맡아 코를 환기시키는 방법이 있습니다.

Q72 향을 잘 맡으려면 어떤 연습이 필요한가요?

되도록 실생활에서 다양한 향을 맡아보는 것이 좋습니다. 실제로 과일을 직접 코에 대보면 그 향이 아주 희미하게 느껴집니다. 예를 들어 딸기 향을 느끼기 위해 딸기를 직접 코에 대고 맡아보면 향이 거의 없는 것처럼 느껴집니다. 그러나 딸기를 와인 글라스에 담아서 맡아보면 향이 아주 명확해집니다. 이 방법은 과일뿐 아니라 모든 것에 적용할 수 있습니다. 후추, 나무조각, 돌가루, 민트 등 무엇이든 와인 글라스에 담고 향을 맡아보세요. 이렇게 주변의 온갖 향을 느끼고, 즐기고, 경험해보시기 바랍니다. 모든 것에서 와인을 즐기듯이 해보세요. 행복해집니다.

4. 와인의 맛

Q73 와인 맛은 어떻게 보는 것이 좋을까요?

와인은 색과 향을 눈과 코로 충분히 즐긴 다음, 입으로 마시는 겁니다. 즐기는 방법은 다른 음료와 별로 다르지 않습니다. 자신에게 가장 편한 방법을 선택하시면 됩니다. 하지만 와인의 맛을 더욱 풍부하게 즐기시려면 이 방법을 사용해 보세요. 일단, 와인을 반 모금 정도 입에 머금고 입술을 오므린 다음 공기를 조금씩 빨아들이고, 마치 와인으로 부드럽게 맛사지하듯이 혀를 굴리면서 천천히 맛을 음미하면 됩니다. 와인의 맛을 훨씬 더 잘 느낄 수 있습니다.

Q74 어느 정도 입에 담고 있어야 하나요?

오래 담고 있을수록 좋습니다. 그 이유는 입안의 온도, 공기 등에 따라 와인의 맛이 변하기 때문입니다. 소주처럼 단숨에 마시면 와인의 섬세하고 복잡한 맛을 충분히 즐길 수 없습니다. 최소한 5초 정도는 입안에 머금고 있어야 합니다.

Q75 왜 공기를 빨아들이면서 혀를 굴려야 하나요?

오무려서 삐쭉 내민 입의 모양이나 입에서 나오는 소리는 사실 그다지 호감이 가지 않습니다. 하지만 맛을 위해서는 이런 동작이 아주 중요한 역할을 합니다. 이렇게 하는 이유는 두 가지로 볼 수 있습니다. 첫째, 와인을 공기와 접촉하게 해서 향을 더욱 풍부하게 하고 맛을 더욱 부드럽게 합니다. 둘째, 와인을 입안에서 굴리면서 혀의 각 부분이 고유한 맛을

소주에서 단맛을 느끼시나요? 오늘은 컨디션이 좋은 날인가요?

'소주는 어떤 맛인가요?'라고 물으면 대부분 '쓰다'라고 대답합니다. 하지만 가끔 소주가 달게 느껴질 때가 있습니다. 소주가 달게 느껴지는 날은 컨디션이 좋은 날이라고들 합니다. 같은 소주라도 단맛이 날 때가 있고 그렇지 않을 때가 있습니다. 왜 그럴까요?

요즘은 추세가 조금 변하고 있지만, 많은 서양 사람이 우리나라 소주를 별로 좋아하지 않습니다. 그 이유는 소주의 높은 알코올 함량 때문이 아닙니다. 그 사람들이 선호하는 위스키의 알코올 함량은 대부분 40% 이상인데, 우리의 소주는 20% 정도밖에 되지 않습니다. 그 사람들이 소주를 찾지 않는 이유는 바로 단맛 때문입니다. 단맛은 맛 중에 가장 강한 맛으로 음식의 섬세한 맛을 느끼는 데 방해가 됩니다. 그래서 단맛이 많은 음료는 음식과 함께 마시기 어렵습니다. 그런데 우리는 몇십 년 동안 소주를 마셔도 단맛을 느끼지 못합니다. 왜 그럴까요? 바로 마시는 방법 때문입니다. 소주는 작은 소주잔에 소주를 가득 채운 다음, 단숨에 털어 넣듯이 마십니다. 이렇게 하면 소주가 혀의 앞쪽이 아니라 뒤쪽에 떨어집니다. 혈기왕성한 젊은 사람들이 그렇게 마시면 소주가 목 안쪽으로 곧바로 넘어가기도 합니다. 이렇게 해서 소주가 혀에 닿는 부위는 혀의 뒤쪽에 한정되죠. 이곳은 바로 쓴맛을 느끼는 부위입니다. 이렇게 마시면 아무리 소주에 단맛이 있더라도 그 맛을 느끼지 못합니다. 만약 와인을 소주처럼 마신다면 아주 쓰게 느껴질 겁니다. 그와 반대로 소주를 와인처럼 혀로 굴리면서 마신다면 이때까지 경험하지 못한 다양한 맛을 소주에서도 느낄 수 있을 겁니다. 그래서 와인을 즐길 때에는 시간이 필요합니다. 결국, 와인을 즐기는 것은 시간을 즐기는 것과 다름없습니다. 그런 시간을 자신에게 허락하세요. 잠깐의 여유를 말입니다. 열심히 일한 당신에게 와인 한 잔을!

느낄 수 있게 시간적인 여유를 줍니다. 혀에는 쓴맛, 단맛, 신맛, 짠맛을 인지하는 각기 다른 부위가 있습니다. 그래서 와인을 혀로 굴리면서 부위별로 맛을 느낄 시간을 주어야 합니다. 만약 와인을 단숨에 삼키면 맛도 단순하게 느껴집니다.

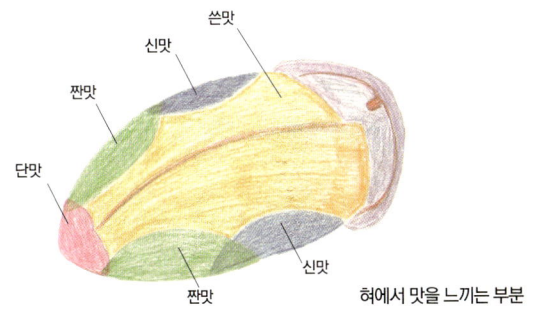

혀에서 맛을 느끼는 부분

q76 와인에서는 어떤 맛들을 느낄 수 있나요?

와인의 맛은 이 세상 모든 와인의 수만큼이나 다양합니다. 하지만 그 맛은 일반적으로 몇 가지 맛의 비율에 따라 결정됩니다. 화이트 와인은 신맛, 단맛 그리고 알코올의 세 가지 맛으로 구성되어 있습니다. 신맛이 강하면 와인이 신선하게 느껴지고, 단맛이 강하면 와인이 밋밋하게 느껴질 수 있습니다. 레드 와인에는 화이트 와인의 세 가지 맛에 타닌의 떫은 맛이 추가됩니다. 그래서 레드 와인의 맛 구조는 화이트 와인보다 복잡합니다.

이런 이유로 일반적으로 화이트 와인을 먼저 마시고 나서 레드 와인을 마시는 것입니다.

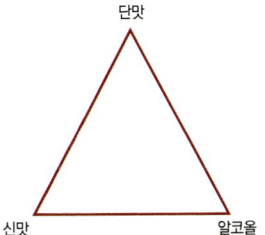
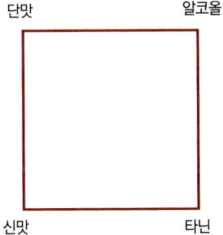

도대체 드라이한 맛이 어떤 맛이죠?

우리가 와인을 접하면서 가장 자주 듣고 말하는 표현이 '드라이'라는 단어입니다. 하지만 단맛도, 짠맛도 아닌 '드라이'라는 표현은 항상 어렵게만 느껴집니다. 이 말의 의미를 완전히 이해한 사람도 그렇게 많지 않은 것 같습니다.

'드라이'는 과연 어떤 맛일까요? 외국에서 출간된 와인 책을 우리말로 옮긴 것을 보면 '드라이'를 '건조한', '까칠까칠한' 등으로 번역해놓았습니다. 영어 dry에 '건조하다'라는 뜻이 있으니 틀린 번역은 아닌 듯합니다. 그럼, 진짜(?) '건조한' 맛은 어떤 걸까요?

그래서 저는 우리나라 사람들이 '드라이한 맛'을 어떻게 인지하고 있는지 알아보려고 학생들을 대상으로 한 가지 실험을 해보았습니다.

먼저 물, 캄파리(쓴맛, 단맛), 브랜디(단맛, 알코올 맛), 애플 리큐르(신맛, 단맛), 소금물(짠맛), 캐스크cask에서 숙성된 위스키(매운맛), 진한 홍차(떫은맛)를 각각 와인 글라스에 준비했습니다. 그리고 학생들에게 테이스팅을 하게 한 다음, 그중에서 가장 스위트한 것과 가장 드라이한 것을 고르게 했습니다.

자, 여러분은 어떤 것을 선택하시겠습니까? 학생들은 가장 스위트한 것으로 모두 똑같은 샘플을 지목했습니다. 바로 캄파리와 애플 리큐르를 선택한 겁니다.

그런데 가장 드라이한 것으로 지목한 샘플은 사람마다 각기 달랐습니다. 물론, 맛에 대한 반응은 개별적으로 느끼는 강도가 다르기에 어느 답이 맞다거나 틀렸다고 할 수 없습니다. 그래서 저는 또다른 문제를 냈습니다. "드라이한 맛은 단맛 반대되는 맛입니다. 자, 이제 다시 한 번 가장 드라이한 것을 선택해 보실까요?"

이 문제에 대해서도 학생들은 각기 다른 맛을 선택했습니다. 그래도 그중에서는 쓴맛이 나는 캄파리를 선택한 비율이 높았습니다. 그래서 제가 또 물었습니다. "레스토랑에서 서빙할 때 손님이 드라이한 와인을 추천해 달라고 한다면 어떤 맛(쓴맛, 알코올 맛, 신맛, 짠맛, 매운맛 그리고 타닌 맛 중에서)이 강한 것을 선택하면 될까요?"

단맛의 반대 맛은 쓴맛이 아닙니다. 신맛과 짠맛, 타닌 맛은 더더욱 아니죠. 단맛의 반대 맛은 바로 '달지 않은 맛'입니다. 이렇게 보면 물이 가장 합당한 답이 되겠죠? 함께한 손님이 '저는 드라이한 맛의 와인이 좋습니다'라고 하면 '저는 달지 않은 와인이 좋습니다'라는 의미가 됩니다.

드라이라는 말이 어렵게 느껴지는 것은 맛을 느끼는 사람들의 감각에 문제가 있기 때문이 아니라 맛에 대한 개념이 정확하게 정립되어 있지 않기 때문입니다.

자, 이제 당당하게 말하세요. 드라이한 와인 한 잔 주세요!!

Q77 '드라이'한 맛은 어떤 맛인가요?

맛에는 단맛, 신맛, 짠맛, 매운맛, 쓴맛이 있습니다. 여기서 드라이dry한 맛은 단맛의 반대 맛입니다. 그럼, 단맛sweet의 반대 맛은 어떤 맛일까요? 신맛? 짠맛? 쓴맛? 그것은 바로 달지 않은 맛입니다. 그래서 '나는 드라이한 맛이 좋다'라고 한다면, 그것은 '나는 달지 않은 와인이 좋다'라는 뜻입니다.

Q78 와인의 '바디'는 무엇인가요?

바디body는 와인의 질감, 또는 와인의 무게감으로 걸쭉한 정도를 이야기합니다. 예컨대 물, 우유, 두유가 있다면 두유의 바디가 제일 강합니다. 같은 맥락에서 물은 바디가 가장 약하다고 할 수 있겠죠. 이처럼 입안에서 끈적임이 심할수록 '바디가 좋다'라고 표현합니다. 이런 것을 풀 바디full body라고 하고, 그렇지 못한 것을 라이트 바디light body라고 합니다. 와인에서 바디가 중요한 이유는 와인의 피니쉬finish(여운)와 관련이 있기 때문입니다. 일반적으로 풀 바디 와인이 피니쉬가 길고 좋은 와인이며 대부분 비싼 와인입니다.

Q79 어떤 와인이 좋은 와인인가요?

자신의 입맛에 가장 잘 맞는 것이 가장 좋은 와인입니다. 하지만 내 입맛에 맞는다고 해서 모든 사람이 좋게 느낄 수는 없겠죠. 우리가 보통 맛있는 음식을 이야기할 때 '간이 맞는다' 또는 '재료가 좋다'라고 하는데, 이는 대부분 사람이 공통으로 느낄 수 있는 부분입니다. 이것을 와인에서는 'well balanced'라고 표현합니다. '맛의 조화가 좋다'라는 의미입니다. 이것은 혀로 느끼는 맛은 물론이고 시각, 후각과 미각의

몸매가 어떻다는 거죠?

오래전 제가 와인에 막 재미를 붙였을 즈음, 대학에 재학 중이던 고향 후배들과 함께 모인 적이 있습니다. 열 명 정도가 참석했는데 졸업한 선배들은 저를 포함해 세 명이었고 나머지는 모두 학생이었습니다. 오랜만에 만난 사람들이라 자리는 아주 흥겨웠습니다. 먼저, 막걸리를 곁들여 저녁을 먹고 나서, 화기애애한 분위기에서 와인을 마시러 갔습니다. 학생인 후배들은 와인을 잘 몰랐지만, 기분은 좋은 것 같았습니다. 그런데 취기가 오른 여자 후배 한 명이 갑자기 내 앞으로 자리를 옮기면서 아주 진지한 얼굴로 언짢은 듯 말하더군요. "선배님, 왜 비싼 와인을 마시면서 유치하게 몸매 이야기나 하고 있나요?"

좋았던 분위기에 찬물을 끼얹은 후배를 거슬리게 했던 것은 바로 '바디'라는 단어였습니다. 술에 취한 후배가 와인 맛을 이야기하는 우리 대화를 어설프게 엿듣고는 여성의 몸을 이야기하는 것으로 착각하고 그런 귀여운 실수를 저질렀던 것입니다.

와인을 묘사하는 표현 중에서 '드라이'와 '바디'는 흔히 쓰이는 용어입니다. "풀 바디 와인 주세요"라고 하듯이 이 용어는 와인을 주문할 때에도 자주 사용합니다.

와인의 바디는 아주 중요합니다. 바디는 와인의 피니쉬와 관련이 있습니다. 피니쉬는 와인을 마시고 나서 남는 여운으로 와인의 퀄리티를 결정하는 아주 중요한 요소입니다. 일반적으로 좋은 와인들은 피니쉬가 깁니다.

설렁탕을 예로 들어 볼까요? 제대로 고아 걸쭉한 것과 살짝 끓인 설렁탕의 맛은 전혀 다릅니다. 걸쭉하게 우러난 설렁탕은 '풀 바디'에 해당하며, 살짝 끓인 것은 '라이트 바디'가 되겠죠. 풀 바디의 설렁탕은 다 먹은 후에도 고소한 맛이 입안에 오래 남아 있습니다. 반면에 라이트 바디의 것은 여운이 금세 사라지죠. 좋은 음식과 그렇지 못한 음식 사이의 차이입니다. 와인도 마찬가지입니다. 바디가 좋은 것이 오랜 여운을 남깁니다. 좋은 사람이 오랫동안 기억되는 것처럼 말이죠.

조화를 포함하는 내용이기도 합니다. 그 와인이 시각적으로 신선해 보인다면 그 향과 맛도 그렇게 느껴져야 한다는 의미입니다.

사람으로 말하자면 어려 보이지만, 막상 대화해보면 노숙하게 느껴질 때가 있잖아요? 이런 경우에는 외모와 내면의 밸런스가 맞지 않는다고 (unbalanced) 할 수 있겠죠? 보이는 대로 느껴지는 것이 좋습니다.

Part 2
와인, 즐기는 만큼 맛있다

Introduction

 술이 몸에 나쁘다는 걸 알면서도 왜 와인을 찾는 사람들은 점점 더 늘어나는 걸까요? 와인은 적당히 마시면 몸에 좋다는 보신주의 주장이 사람들에게서 설득력을 얻었기 때문일까요? 꼭 그런 것 같지는 않습니다.

 와인을 마시면 기분에 변화가 생깁니다. 사람은 다양한 감정, 즉 기쁨, 노여움, 슬픔, 즐거움(喜怒哀樂)을 느끼는 동물입니다. 이러한 감정의 반응은 대부분 자신의 감각에서 비롯되죠. 시각, 후각, 미각, 촉각, 청각 등의 감각 기관에 의존해 복잡한 감정들이 형성됩니다.
 동물도 음식을 먹을 때에는 이러한 감각 기관을 충분히 활용합니다. 소를 보면 알 수 있습니다. 소는 먹을 수 있는 풀과 먹어서는 안 되는 풀을 정확히 구별해냅니다. 겉으로 보기에는 허겁지겁 먹어 치우는 것처럼 보이지만, 절대로 함부로 먹는 것이 아닙니다. 풀을 먼저 눈으로 확인하고 냄새를 맡고 나서야 비로소 입을 가져갑니다. 물론 입에 들어가서도 이상하면 즉시 뱉어내고 맙니다. 이것은 본능입니다. 먹는 것에 본능적으로 감각기관을 활용하지 못한다면 그 동물은 살아 있다고 볼 수 없겠죠.
 사람도 마찬가지입니다. 어린아기에게 쓴맛이 나는 음식을 먹이면 울면서 뱉어냅니다. 그 이유는 본능적으로 쓴맛에 생명을 위협하는 물질이 들어 있음을 직감하기 때문이라고 합니다.
 그런데 바쁜 현대인은 음식을 제대로 즐길 시간도 없이, 단지 허기를 채우기 위한 수단으로 먹을 때가 많습니다. 음식의 모양과 색을 눈으로 확인하거나, 코로 냄새를 맡거나, 혀로 맛을 볼 틈도 없이 허겁지겁 집어삼킵니다. 소보다도, 어린아기보다도 못한 처지입니다. 정말 슬픈 일입니다.

오래전에 혼자 사시는 한 일본인 할머니에게서 이런 이야기를 들은 적이 있습니다.
"물론 저는 열심히 절약하며 삽니다. 되도록 싼 물건을 사고, 외식은 거의 하지 않아요. 하지만 한 달에 한 번 정도 호사를 누리는 일에는 돈을 아끼지 않습니다. 멋진 연주를 감상하고 나서 마시는 한 잔의 와인만큼 제게 행복감을 주는 일은 없기 때문입니다."
저는 그 말씀을 듣고 고개를 끄덕였습니다.
어쩌다 멋진 식당에서 식사할 때는 세 번 감동합니다. 음식이 나오면 눈으로 코로 입으로 그 모양과 향과 맛에 감탄하게 됩니다. 이것은 단지 여유에서 오는 것이 아니라 본능적인 감각을 이용하는 생명체의 동물적인 반응입니다. 그러나 바쁜 현대인들은 이런 본능을 잊고 사는 듯합니다. 햄버거를 보고 그 모양과 냄새에 감탄하는 사람은 거의 없습니다. 물론, 찌그러진 햄버거를 보고 불만을 토로하는 사람도 없죠.
우리의 감각이 잊혀지는 것, 이것이 바로 인간 스스로 존중받지 못하는 원인이 아닐까요?

와인은 취하기 위해서 마시는 술이 아닙니다. 마시기 전에 먼저 색을 보고 향을 맡습니다. 오감이 열리기 시작합니다. 그리고 그 감각 기관의 작용으로 우리는 느낍니다. 앞만 보고 달리는 자동차 같은 기계가 아니라, 비로소 감각에 충실한 나 자신을 되찾게 되는 것이죠.
그래서 우리가 다른 수많은 술 중에서도 유독 와인을 즐기는 것이 아닐까요?

1. 와인 온도 맞추기

Q 80 **와인은 몇 도에서 마시는 것이 좋은가요?**

화이트 와인은 차게 마시고 레드 와인은 실온에서 마시는 것이 좋습니다. 일반적으로 화이트 와인은 8~11℃, 레드 와인은 15~18℃, 스파클링 와인은 6~9℃ 정도가 적당합니다. 신맛이 좋은 와인(화이트)은 차갑게 마실 때 와인의 산미(신맛)가 살아나 신선함을 느낄 수 있고, 타닌과 바디가 좋은 와인(레드)일수록 온도를 조금 올려 마시는 것이 좋습니다. 하지만 이런 기준에 얽매이지 마시고 여러 온도에서 마셔보고 나서 자신의 입맛에 맞는 온도를 찾아보세요.

Q 81 **실온은 몇 도를 말하나요?**

실온(室溫)을 영어로는 '룸 템퍼러처 room temperature'라고 합니다.

실내 온도라는 뜻이죠.

요즘은 냉난방기기의 발달로 실내 온도가 보통 20도 내외로 유지됩니다. 예전에는 실내 온도의 기준을 지하 저장고cellar의 온도에 맞추었습니다. 셀러의 온도는 보통 15~18℃로, 현재의 실내 온도와는 차이가 있죠. 따라서 실온이라고 하면 일반적인 상온(常溫)이 아닌 15~18℃로서, 이것이 레드 와인을 마시기에 가장 좋은 온도입니다. 이 온도에서 와인 병을 손으로 잡으면 조금 시원하다는 느낌이 듭니다.

q82 와인 맛은 온도의 변화에 어떻게 반응하나요?

온도의 변화와 와인의 주요 맛이 어떻게 변하는지 간단히 정리하면 다음과 같습니다.

	향	단맛	신맛	타닌 맛
고온	↑	↑	↓	↓
저온	↓	↓	↑	↑

와인을 마실 때, 온도가 높으면 향과 단맛이 두드러집니다. 따라서 향이 좋은 화이트 와인이나 스파클링 와인은 일반적인 화이트 와인보다 조금 온도를 올려 마시는 것이 좋습니다. 보통 신맛은 차가울 때 상쾌하게 느껴지고, 레드 와인에 함유된 타닌은 차가울 때 거칠게 느껴집니다. 이런 이유로 신맛이 많은 화이트 와인과 타닌이 풍부한 레드 와인의 음용 온도가 달라집니다.

Q83 와인 온도는 어떻게 조절하면 되나요?

화이트 와인이나 스파클링 와인은 아이스 버킷ice bucket을 이용하여 온도를 조절합니다. 먼저 버킷에 와인을 넣고 얼음을 8부 정도 채우고 물을 7부 정도 부어둔 다음, 화이트 와인은 20분, 샴페인은 30분가량 경과하면 음용하기 적당한 온도가 됩니다. 더 빨리 온도를 내려야 할 때에는 버킷에 소금을 넣거나 버킷 안에 있는 와인 병의 윗부분을 잡고 돌려주면 와인의 온도를 내리는 시간을 절반 정도 단축할 수 있습니다. 하지만 이렇게 하면 와인 라벨이 얼음에 긁혀 상처가 날 수 있습니다.

아이스 버킷

Q84 얼음이 없는 경우엔 어떻게 하면 되나요?

냉장고에 보관했다가 마시면 됩니다. 하지만 급하게 칠링chilling(냉장)된 와인이 필요할 경우는 냉동실을 이용하면 됩니다. 냉동실은 성능에 따라 차이가 있지만 스파클링 와인의 경우 1시간, 화이트 와인은 40분 정도 경과되면 적정 음용 온도가 됩니다. 그러나 잘못하여 와인이 얼면 와인에 큰 손상이 갈 수 있으니 조심해야 합니다. 레드 와인도 온도가 너무 높다면 약 10분 정도 넣었다가 마셔도 좋습니다.

Q85 샴페인이나 화이트 와인을 시원하게 마시기 위해 와인 글라스를 차게 해서 마셔도 되나요?

기호에 따라 생맥주잔을 냉각시키듯이 와인 글라스를 얼릴 수도 있습니다. 하지만 글라스가 너무 차가우면 글라스 표면에 성에가 끼어 와인의 색을 잘 볼 수 없고, 와인 글라스는 얇기 때문에 차가운 온도를 그리 오래 유지할 수 없으므로 그 효과는 미미합니다.

Q86 파티를 위한 와인은 얼마나 준비해야 하나요?

와인 준비는 파티에 참석한 사람들의 주량에 크게 좌우됩니다. 하지만 일반적으로 식사와 함께하는 자리에서는 한 사람당 2~3잔 정도로 준비하면 적당합니다. 와인 한 병(750ml 기준)에서 다섯 잔(150ml * 5) 정도가 나오므로 1인당 반 병 정도를 준비하면 되겠죠. 예를 들어 화이트 와인 1종류와 레드 와인 1종류가 서비스될 때에는 화이트 와인 1잔과 레드 와인 1~2잔 정도, 여기에 디저트 와인을 0.5잔 정도 계산해서 준비하면 됩니다. 물론, 부족하지 않게 조금 넉넉히 준비하는 것이 좋겠죠.

Q87 와인 한 병은 몇 잔 정도가 나오나요?

글라스의 크기에 따라 다릅니다만, 화이트 와인과 레드 와인의 경우 약 5잔, 스파클링의 경우 약 6잔이 나옵니다. 양으로 보면 화이트 와인과 레드 와인은 글라스당 150ml이고, 스파클링 와인은 125ml 정도가 됩니다. 스파클링 와인은 글라스가 작아서 적은 양으로도 충분히 글라스를 채울 수 있습니다. 서비스할 때 화이트 와인과 레드 와인은 글라스의 1/3 정도, 스파클링 와인은 2/3 정도 채우는 것이 좋습니다.

2. 와인 오픈하기

Q88 와인을 오픈하는 도구는 무엇이라고 하나요?

와인을 처음 대하는 사람들은 와인 마개를 여는 데서부터 어려움을 호소합니다. 와인 오프너wine opener가 없으면 이것저것 손에 잡히는 대로 코르크를 빼내려고 애쓰다가, 결국에는 젓가락으로 코르크를 병 안으로 밀어 넣어 코르크 찌꺼기와 함께 와인을 마시기도 합니다. 와인을 오픈할 때에는 와인 오프너나 코르크 스크루cork screw라는 기구가 있어야 합니다. 사용자의 편의에 따라 여러 가지 스타일을 쉽게 구할 수 있는데, 그중 몇 가지를 보면 다음과 같습니다.

웨이터스 프렌드waiter's friend

주로 레스토랑 직원들이 사용하는 오프너입니다. 많은 교육과 훈련이 있어야 실패하지 않고 코르크를 딸 수 있으므로 전문가용이라 할 수 있습니다. 작아서 휴대하기 편리합니다.

윙 스크루wing screw

일반적으로 초보자들이 사용하기 쉽게 만들어졌습니다. 지렛대 원리를 이용하여 힘

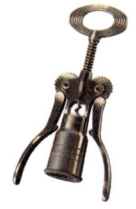

들이지 않고 쉽게 오픈할 수 있다는 장점이 있습니다. 가정에서 사용하시길 권합니다.

스크루 풀 screw pull

와인을 빨리 오픈할 수 있게 만들어진 것으로 일정한 곳에 고정시켜 사용하며, 와인을 대량으로 오픈할 필요가 있는 큰 행사장에서 주로 이용됩니다.

어린 소믈리에 시절, 멋진 와인 오프너를 갖고 싶었다.
이것은 나뿐만 아니라 서비스하는 사람의 꿈이기도 하다.
오래 사용한 오프너는 단순한 기구가 아니라, 결혼 반지와도 같은 존재다.
항상 나의 주머니에 있어야 하고 상처가 나고 때가 탈수록 예쁘게 보인다.
10년 정도 쓴 아끼던 오프너를 잃어버린 적이 있다.
그것을 잃어버리고 며칠간 밥맛을 잃었다.
'샤토 라기올'. 멋진 오프너다.
이 라기올 오프너만 품고 있으면 내 마음은 평안해진다.
마치 오랜 친구가 곁에 있는 것처럼.

Q89 전문가용 오프너 사용은 어떻게 하나요?

'웨이터스 프렌드'라는 애칭으로 불리는 전문가용 오프너는 손잡이, 스크루, 칼 그리고 지렛대 부분으로 나뉩니다. 와인을 오픈할 때에는 먼저 칼을 이용하여 와인의 캡슐 윗부분을 돌리면서 잘라 제거합니다. 그다음 스크루를 와인 코르크의 정중앙에 직각으로 꽂고 코르크 길이에 맞춰 시계 방향으로 돌려줍니다. 이때 너무 깊게 들어가면 코르크가 부서지고 너무 얕으면 코르크가 제대로 빠져나오지 않습니다. 스크루가 적당히 들어가면 지렛대 부분을 병 입구 쪽에 고정시키고 왼손으로는 병의 윗부분과 지렛대 부분을 살짝 잡습니다. 그다음 오른손으로 오프너의 손잡이를 잡고 수직 방향으로 천천히 올려 뽑습니다. 코르크가 약 80~90% 정도 빠져나오면 오른손으로 코르크를 잡고 비틀면서 천천히 빼야 합니다. 너무 급하게 빼면 와인이 병 밖으로 튈 수 있기 때문에 조심해야 합니다.

Q90 오래된 와인은 코르크가 쉽게 부서집니다. 좋은 방법이 없을까요?

오래 숙성된 와인의 코르크는 와인에 오래 젖어 있어 축축합니다. 이런 코르크는 대부분 힘이 없어 일반 오프너로는 빼내기 어렵습니다. 이럴 때 사용하는 것이 아소$^{Ah-so}$라는 오프너입니다. 이것은 코르크 중앙을 뚫지 않고 코르크를 양 옆에서 잡아 빼도록 되어 있어, 코르크가 부서지는 것을 방지할 수 있습니다.

Q91 코르크의 길이는 어떻게 알 수 있나요?

코르크의 길이는 약 4cm 정도입니다.

와인 오프너(웨이터스 프렌드 기준)의 스크루 길이는 다섯 마디 정도(약 5~6cm)로 코르크보다 길기 때문에 스크루를 코르크에 너무 깊이 꽂으면 코르크 부스러기가 와인에 떨어지게 됩니다. 이것을 방지하기 위해서는 처음 스크루를 꽂을 때 스크루의 세 마디 정도(약 3~4cm)만 삽입하여 1차로 코르크를 뽑고 나서 다 뽑히지 않으면 다시 나머지 길이를 가늠하

와인으로 시간을 나누다

와인을 마시려면 먼저 와인에 있는 코르크를 제거해야 합니다. 이런 작업을 보통 '와인을 오픈한다'라고 표현하는데, 다른 음료를 마시기 위해 마개를 여는 것은 보통 '따다'라고 표현합니다. 와인에서 '오픈'의 의미는 단지 마개를 따는 것에 그치지 않고 와인의 맛을 내기 위해 와인의 마음(?)을 연다는 의미가 있습니다.

와인 병을 오픈하는 것은 어쩌면 성가신 작업이 될 수 있습니다. 하지만 이런 점이 바로 와인의 수많은 매력 중 하나입니다. 와인 외의 어떤 음료도 이렇듯 정성 들인 오픈 과정을 필요로 하지 않습니다. 특별한 기구(와인 오프너)를 사용하여 공들여 오픈하는 과정은, 함께하는 사람으로 하여금 자신을 '더욱 특별하고, 더욱 소중하다'고 느끼게 합니다. 그리고 와인을 오픈하면서 그 와인에 대해서 많은 이야기를 나눌 수도 있습니다. 쉽게 오픈할 수 있는 음료가 패스트푸드라면 와인은 슬로푸드에 비유할 수 있죠.

와인을 오픈할 때에는 서두르지 말고 천천히 하는 것이 좋습니다. 오픈하는 동안 와인에 대한 이런저런 정보와 느낌(라벨 디자인, 맛의 기대, 준비한 음식 등)을 공유하는 것도 좋습니다. 많은 대화가 우리의 삶을 풍요롭게 합니다. 와인을 통해 시간을 함께 나누고 교감할 수 있다는 것… 이보다 좋은 일이 있을까요?

여 삽입을 하고 2차로 코르크를 뽑으면 안전하게 와인을 오픈할 수 있습니다.

Q92 실수로 코르크 부스러기가 떨어진 와인은 어떻게 해야 하나요?

코르크가 부서져 와인에 부스러기가 떨어지면 서비스하는 사람이나 마시는 사람이나 그다지 유쾌할 수 없겠죠. 그러나 부서진 코르크 찌꺼기가 와인 맛에 치명적인 영향을 주는 것은 아닙니다. 여유있게 디캔팅decanting하면 됩니다. (p92 참조) 상태가 심각하면 깨끗한 천이나 커피 필터 등을 이용하여 부스러기를 걸러내고 마시면 됩니다.

Q93 스크루캡 와인을 멋지게 오픈하는 방법이 있나요?

와인을 오픈할 때 오프너를 이용하여 코르크를 빼내는 것도 와인을 즐기는 매력적인 순간의 하나입니다. 따라서 스크루캡 와인을 오픈할 때에는 마치 맥주나 소주 마개를 따는 것처럼 밋밋하게 느껴지기도 합니다. 하지만 스크루캡도 나름대로 재미있게 오픈하는 방법이 있습니다. ①일단, 왼손으로 기다란 스크루캡 밑부분을 잡고, 오른손으로 병의 밑부분을 잡습니다. ②양손을 서로 반대 방향으로 빠르게 돌려 스크루

① ②

③　　　　　　　④　　　　　　　⑤

캡을 분리합니다. ③④⑤오른손으로 여전히 와인 병을 잡은 채 스크루캡을 왼팔에 대고 손 쪽으로 내리면서 돌려 캡을 분리하면 멋진 동작을 연출할 수 있습니다.

Q94 스파클링 와인은 펑! 소리가 나게 오픈하는 것이 맞나요?

샴페인을 비롯한 스파클링 와인에는 탄산가스가 포함되어 있습니다. 그래서 와인을 오픈할 때 가스가 분출하면서 폭발음을 냅니다. 이 소리는 와인의 온도가 높을수록, 흔들림이 많을수록 커집니다. 이 소리가 축포 소리처럼 들릴 수 있지만, 와인의 맛에는 나쁜 영향을 미칩니다. 특히, 샴페인의 맛은 기포가 많을수록 신선하고 기분 좋게 느껴집니다. 따라서 탄산가스가 많이 분출하면 상대적으로 와인의 맛은 떨어질 수밖에 없겠죠. 좋은 맛을 원한다면 조심스럽게 천천히, 되도록 소리가 나지 않게 오픈하는 것이 좋습니다. 따라서 샴페인을 오픈할 때에는 물론, 이동할 때에도 조심스럽게 다루어야 합니다.

Q95 스파클링 와인은 어떻게 오픈하면 되나요?

차갑게 보관된 스파클링 와인을 핸드타월로 닦아 물기를 제거합니다. 그런 다음 오른손으로 스파클링 와인 병 밑 부분을 잡고 기울여 항상 병을 45도 각도로 유지해야 합니다. 스파클링 와인 병을 세우거나 눕히면 코르크가 빠질 때 주위 사람이나 전구 등에 맞아 큰 사고로 이어질 가능성이 있기 때문입니다.

①②오른손으로 병 밑부분을 잡고, 왼손으로 포일을 제거하고 나서 천천히 철사를 풉니다. ③④철사를 완전히 푼 다음, 철사를 벗겨내지 말고, 코르크 윗부분을 철사와 함께 엄지와 검지로 사뿐히 감싸 줍니다. ⑤오른손을 이용하여 병을 좌우로 살며시 돌려주세요. 그러면 코르크가 스파클링 와인의 압력으로 천천히 올라오게 됩니다. 이때 당황하지 말고 어깨의 힘을 빼고 왼손의 엄지와 검지의 힘만으로 코르크를 잡고 있다가 ⑥코르크가 약 80% 정도 올라오면 코르크를 살짝 꺾듯

81

이 잡아당깁니다. 이렇게 하면 스파클링 와인이 터지지 않고 픽! 소리와 함께 코르크가 완전히 제거됩니다.

Q96 스파클링 와인의 기압은 어느 정도인가요?

샴페인의 압력은 보통 5기압 이상입니다. 샴페인보다 압력이 낮은 스파클링 와인은 보통 3~5기압 정도입니다. 자동차 타이어의 압력이 3~4기압 정도이니 스파클링 와인 병은 상당히 높은 압력을 받고 있는 셈이죠. 이처럼 강한 압력 때문에 탄산가스가 들어 있는 와인을 오픈할 때 자칫하면 사고로 이어질 수 있습니다. 따라서 샴페인을 포함한 스파클링 와인을 오픈할 때에는 항상 조심해야 합니다.

3. 와인 서비스하기

Q97 와인을 서비스할 때 병을 두 손으로 잡아야 하나요?

보통 레스토랑에서 소믈리에들은 와인 병을 한 손으로 잡고 멋지게 서비스합니다. 하지만 일반인이 와인 병을 다룰 때 멋보다는 안전이 중요합니다. 와인 서비스에 익숙하지 않은 분은 두 손을 사용하는 것이 좋습니다. 그리고 서비스 받으시는 분이 윗사람일 때에는 두 손을 사용하는 것이 우리 정서에도 잘 맞습니다. 하지만 와인을 마시는 것이 일상화되어 있는 서양의 문화에서는 굳이 두 손으로 서비스하지 않아도 결례가 되지 않습니다.

q 98   와인을 멋지게 서비스하는 법을 알려주세요.

레스토랑이나 바에서 소믈리에들이 서비스하는 모습을 살펴보면, 일반적으로 병을 오른손으로 잡고 글라스에서 약 2~3cm 정도 떨어진 지점에서 천천히 따릅니다. 글라스에 적당량(약 $\frac{1}{3}$~$\frac{1}{4}$ 정도)을 따른 후 천천히 병을 들어 오른쪽으로 살짝 돌리면서 마무리하면 와인 방울이 바닥에 떨어지는 것을 막을 수 있습니다. 그런 다음, 준비된 냅킨 등을 이용하여 병 입구를 살짝 닦아주면 됩니다.

q 99   매그넘 이상 되는 무거운 병은 두 손으로 서비스해도 되나요?

와인은 한 손으로 서비스하는 것이 일반적인 관례지만, 매그넘(1500ml) 사이즈 이상은 무거워서(약 3kg) 두 손으로 서비스하는 것이 좋습니다. 물론, 한 손으로 멋지게 서비스하고 싶은 생각이 들 수도 있겠지만, 참으시기 바랍니다. 멋보다는 안전이 우선이니까요.

q 100   손님에게 와인을 서비스 받을 때에는 어떻게 하면 되나요?

소믈리에가 아닌 다른 손님에게서 와인을 서비스 받을 때에도 원칙적으로는 가만히 계시는 것이 좋습니다. 우리의 전통적인 예절을 따르자면 잔을 들어 술을 받아야 하지만, 와인은 그렇게 하지 않아도 된다는 의미죠. 그 이유는 얇은 와인글라스가 병과 부딪치면 깨질 우려가 있기 때문입니다. 매너 때문에 마음에 걸리시면 글라스를 들지 말고 오른손을 글라스 바닥에 살짝 올려 예의를 표하시면 됩니다. 한 손으로 부족하다고 생각되면 양손을 올리시고, 그것으로도 부족한 느낌이 드신다면 공손히 머리를 숙이시면 되겠죠.

101. 푸어러(pourer)는 무엇을 말하는 가요?

와인을 서비스할 때 가장 어려운 부분은 와인을 테이블에 흘리지 않는 것입니다. 와인을 글라스에 따르고 나서 마지막으로 병을 살짝 돌리는 것도 바로 그런 이유입니다. 푸어러는 와인을 글라스에 쉽게 따를 수 있게 도아주는 기구로 와인 병 입구에 꽂아 사용합니다. 푸어러를 사용하면 와인을 서비스할 때 병을 살짝 돌리지 않아도 흘리지 않게 됩니다.

4. 남은 와인 사용법

Q102 오픈한 지 오래된 와인은 버려야 하나요?

남은 와인을 그냥 버릴 필요는 없습니다. 물론, 신선하게 보관해 마시는 것이 좋겠지만, 사정상 시간이 많이 지난 와인이라도 절대로 버리지 마세요. 나름대로 쓸모가 있습니다. 오픈한 지 오래된 와인은 산화하는데 이것이 바로 식초가 됩니다. '발사믹 식초balsamic vinegar'라고 부르는 것이 바로 와인으로 만든 것입니다. 맛은 일반 식초와 다르지만, 음식을 조리할 때 사용하면 아주 좋습니다.

Q103 샹그리아와 글루바인은 어떤 음료인가요?

샹그리아Sangria, 글루바인Gluhwein은 와인을 이용한 칵테일입니다. 샹그리아는 스페인에서 유래된 음료로 레드 와인에 사과, 복숭아, 오렌지 등 과일과 감미료를 넣어 만듭니다. 여름에 차게 해서 마시면 좋습니다. 글루바인은 독일어로 '따뜻한 와인'이라는 뜻으로 레드 와인에 과일, 계피, 오렌지, 레몬, 그리고 설탕이나 꿀을 넣은 핫 칵테일hot cocktail로 따뜻하게 만들어 겨울철에 마시기 좋습니다. 이들 칵테일을 만들 때에는 굳이 좋은 와인을 사용하지 않아도 되니, 마시다 남은 와인을 활용하기에 제격입니다.

Q104 남은 와인은 그 밖에 어떤 용도로 사용할 수 있나요?

음식에 넣어 맛을 낼 수 있습니다. 특히, 고기를 재울 때 사용하면 좋습니다. 예컨대 불고기, 갈비, 스테이크 등 소고기는 물론이고 삼겹살 등 돼지고기에도 아주 좋습니다. 그리고 가금류인 닭 요리에 넣어도 좋습니다. 프랑스 전통 음식의 하나인 코코뱅coq au vin이 대표적인 요리입니다. 이것은 신선한 닭을 레드 와인에 졸인 것으로 아주 인기 있는 프랑스 전통 음식입니다. 또 화이트 와인은 청주가 들어가는 요리에 청주 대신 넣으면 됩니다. 이외에도 레드 와인은 고기류 소스, 화이트 와인은 생선류 소스를 만드는 데 사용하면 어울립니다. 너무 오래되어 식초 맛이 나는 와인은 샐러드를 만들 때 식초 대용으로 사용하면 좋고요.

105 와인을 요리 외에 다른 분야에서도 사용할 수 있나요?

프랑스를 비롯한 유럽에서는 오래전부터 와인을 피부 치료에 이용해 왔습니다. 집에서 목욕할 때 욕조에 와인을 풀어 사용하거나 세안하고 나서 레드 와인을 물에 넣어 헹구면 좋습니다. 이렇게 하면 피부가 부드러워지고 아토피 치료에도 도움이 됩니다. 물론, 체질적으로 맞지 않는 사람도 있을 수 있으니, 경과를 보면서 사용하는 것을 잊지 마세요. 가끔 와인을 피부에 양보해 보세요.

5. 와인과 음식 매칭

Q 106 **와인과 음식이 이루는 좋은 궁합의 절대 원칙은 무엇인가요?**

와인과 음식의 궁합을 프랑스어로 '결혼'을 뜻하는 '마리아주 marriage'라고 합니다. 마리아주의 절대 원칙은 '마리아주에 절대적인 원칙은 없다'입니다. 아무리 좋은 마리아주도 그 어울림이 만족스럽지 않은 사람이 있을 수 있습니다. 신선한 생선과 프레쉬한 화이트 와인이 잘 어울린다고 합니다만, 생선을 싫어하는 사람에게 이것은 아무런 의미가 없습니다. 즉, 마리아주의 기본 원칙은 매우 주관적이라고 할 수 있습니다. 와인과 음식의 조화는 결국 사람이 판단하는 것이므로 사람을 우선으로 생각하는 배려가 필요합니다.

Q 107 **마리아주를 할 때 세부적으로 고려해야 할 사항은 무엇인가요?**

같은 성향끼리 맞추는 것이 좋습니다. 디저트 등 단맛이 많은 요리에는 스위트한 와인이, 단맛이 없는 요리에는 드라이한 와인이 좋습니다. 이것은 맛뿐 아니라 색에도 전제되는 조건입니다. 요리사가 음식을 만들 때 흰색 생선에 붉은색 소스를 쓰지 않고, 붉은 고기류에 흰색 소스를 올리지 않는 이유는 색이 매칭되지 않기 때문입니다. 일반적으로 흰색 요리(생선, 치킨 등)에는 화이트 와인이, 붉은색 고기류(쇠고기, 양고기 등)에는 레드 와인이 어울립니다. 그리고 재료에 앞서서 더 중요시되는 것은 소스입니다. 담백한 소스에는 화이트 와인이 좋고, 기름진 소스에는 레드 와인이 잘 어울립니다. 보통 생선 소스는 가볍고, 고기류 소스는 무겁고 기름집니다.

와인과 음식의 어울림

와인을 마실 때 가장 고민하는 것 중 하나가 와인과 어울리는 음식 혹은 안주의 선택입니다. 일반적으로 레드 와인은 스테이크, 화이트 와인은 생선 요리, 스위트한 와인은 디저트 등과 어울린다고 알려졌죠. 그러나 반드시 그런 것만은 아닙니다. 스위트한 와인에 스테이크를 곁들였는데 맛이 최고일 수도 있고, 드라이한 레드 와인과 달콤한 디저트가 환상적으로 어울릴 수도 있습니다.

와인과 음식의 어울림을 뜻하는 프랑스어의 '마리아주'는 '결혼'이라는 뜻으로 음식과 와인의 만남은 남녀가 결혼하는 것만큼 중요하고 세심함이 요구된다는 의미일 겁니다. 와인의 맛을 감정하는 데에는 음식 없이 와인만 마실 때 그 미묘한 맛을 더욱 집중적으로 느낄 수 있습니다. 그래서 전문가들이 와인을 평가하는 테이스팅을 할 때 음식을 곁들이지 않는 것입니다.

하지만 대다수 사람은 와인을 평가하기보다 즐기려고 마십니다. 와인을 마시는 일은 그 자체로도 즐겁지만, 와인이 음식과 함께 어울릴 때 더 큰 만족감을 주는 것이 사실입니다. 마치 혼자서도 즐거운 삶을 살 수 있지만, 성공적인 결혼은 더 큰 행복을 가져다주는 것과 같은 맥락이라고 볼 수 있습니다. 하지만 누구나 자신의 결혼이 성공적이기를 바라지만, 모든 결혼이 성공적이지는 않죠.

그렇다면, 와인과 음식의 성공적인 마리아주에는 어떤 조건이 필요할까요? 이 질문에 대해서 수학 공식처럼 명확한 답을 낼 수는 없습니다. 자료나 지침서를 보면 조건을 분명하게 지정하고 소개하지만, 실제로 각자의 반응은 각기 다릅니다. 사람마다 취향이 다르기 때문이죠. 따라서 마리아주는 사람마다, 상황마다 다르다는 점을 인정하는 데서 출발해야 합니다.

그리고 잊지 말아야 할 점이 있습니다. 마리아주의 주체는 음식과 와인이 아니라 바로 사람이라는 사실입니다. 결혼의 성공 여부가 혼인신고나 결혼식에 있지 않고, 결혼생활이 주는 행복감에 달린 것과 같은 의미이기도 합니다.

예컨대 좋은 향을 가진, 드라이하고 풀 바디한 레드 와인에는 최고급 안심스테이크가 최고의 마리아주가 됩니다. 하지만 먹는 사람이 스테이크를 좋아하지 않는다면 그것은 그 사람에게 최고가 아니라 최악의 맛으로 느껴질 수 있습니다. 마찬가지로 그런 와인을 좋아하지 않는 사람에게도 즐거운 식사는 될 수 없을 것입니다.

따라서 와인과 음식을 매칭할 때, 주인공은 와인도 아니고 음식도 아닌 사람임을 절대 잊어서는 안 됩니다. 좋은 마리아주를 이끌어내기 위해서는 함께하는 사람과 많은 대화가 필요합니다. 우리 삶은 소통의 연속입니다.

Q 108 **화이트 와인은 생선과, 레드 와인은 고기류와 잘 어울린다고 합니다. 그 이유가 뭐죠?**

색깔의 조화도 중요하지만, 맛에서도 화이트 와인의 신선한 신맛은 생선의 비린 맛을 없애는 데 탁월한 효과가 있고, 레드 와인의 타닌은 고기류의 질긴 맛을 부드럽게 하는 역할을 합니다. 그런데 스테이크에 가벼운 화이트 와인을 마시면 스테이크가 거칠고 질기게 느껴지고, 생선류에 레드 와인을 곁들이면 레드 와인의 강한 힘 때문에 생선 특유의 신선한 질감을 느낄 수 없습니다. 좋은 마리아주는 와인의 질감, 즉 바디와 연관이 있습니다. 질감 있는 음식에는 풀 바디한 와인이, 질감이 가벼운 음식에는 가벼운 와인이 어울립니다.

Q 109 **와인을 먼저 마시나요, 음식을 먼저 먹나요?**

이것은 개인적인 취향입니다만, 다음 방법을 추천합니다. 생선 요리에 화이트 와인을 선택했다면, 먼저 음식을 먹고 나서 입을 헹구듯이 화이트 와인을 마십니다. 그렇게 하면 항상 입안을 개운하게 유지할 수 있습니다. 스테이크와 레드 와인의 경우, 스테이크를 입에 넣고 몇 번 씹은 후 고기를 삼키지 않은 상태에서 와인을 한 모금 마시고 고기와 함께 씹습니다. 이렇게 하면 고기가 부드러워지고, 육즙이 풍부하게 느껴지며 와인의 피니쉬가 길어집니다. 물론, 대화는 반드시 입안의 음식을 모두 삼키고 난 다음에 해야 합니다.

Q 110 **고기와 생선을 함께 먹을 때에는 어떤 와인을 선택해야 하나요?**

테이블에 함께 앉은 여러 사람이 각기 다른 음식을 주문할 때에는 한 종류의 와인을 정하기가 쉽지 않습니다. 이런 경우에는 되도록 가볍고 캐주얼한 와인을 고르는 것이 좋습니다. 너무 강한 와인은 자칫 음식과 조화를 이루지 못할 수도 있기 때문입니다. 더 좋은 방법은 화이트 와인과 레드 와인을 각각 한 종류씩 주문한 다음, 각자의 음식과 어울리는 와인을 선택하여 마시는 것입니다.

Chianti fiasco

111 와인과 음식은 같은 지역에서 생산된 것이 서로 잘 어울린다고 하던데, 그 이유가 뭐죠?

위에서 106~110번 항을 통해 살펴본 것처럼 가장 먼저 고려해야 할 점은 함께하는 사람들에 대한 배려입니다. 그다음은 음식과 와인의 지역적 특성입니다. 토마토 파스타는 이탈리아 키안티Chianti 와인, 보르도 푸아그라(거위간) 요리는 보르도 소테른Sauterne 와인, 독일 요리 빌 소세지Veal sausage는 독일 와인과 가장 잘 어울립니다. 그 지방의 요리와 와인의 어울림은 수세기에 걸쳐 이어져 내려온 검증된 방식이기 때문입니다.

Bordeaux Sauterne

112 마리아주에서 향의 조화는 어떻게 하나요?

앞서 말했듯이, 와인의 향은 신선한 아로마와 숙성된 부케로 나뉩니다. 아로마가 강한 와인은 신선한 맛의 음식과 잘 어울리고, 부케가 강한 와인은 숙성된 음식과 잘 어울립니다. 예컨대 신선한 치즈에는 가볍고 아로마가 좋은 와인이, 맛과 냄새가 강한 블루치즈 계열에는 숙성된 와인이 어울립니다.

113 와인과 치즈는 왜 잘 어울리나요?

와인과 치즈는 훌륭한 마리아주를 이룹니다. 와인을 마시면서 치즈를 곁들이면 와인이 전체적으로 부드러워지고 피니쉬가 길게 느껴집니다. 그래서 좋은 치즈는 와인을 훨씬 기품 있게 만들어줍니다. 홍차를 부드럽게 마시려고 우유를 넣는 것과 같습니다. 우유는 홍차에 들어 있는 타닌의 떫은맛을 부드럽게 해서 홍차를 우아하게 만들어줍니다. 와인을 마실 때에도 우유와 함께 마시면 맛이 한층 부드러워집니다. 그러나 와인과 우유는 모두 음료이기에, 우유 대신 우유로 만든 치즈를 먹는 것이 더 좋습니다.

치즈도 와인처럼 발효 식품으로 서로 태생에 닮은 점이 많습니다. 치즈의 종류도 와인처럼 다양해서 500종이 넘는다고 합니다. 치즈와 와인의 다양한 마리아주는 생각만 해도 마음이 설렙니다.

2. 와인 디캔팅(Decanting) 하기

1. 디캔팅이란?

q114 디캔팅이란 무엇인가요?

디캔팅은 와인 병이나 기타 용기에 담긴 와인을 디캔터(decanter)에 옮겨 담는 것을 말합니다. 디캔터는 주로 유리로 되어 있고 와인을 옮겨 담아 마실 때 사용합니다.

q115 디캔팅을 하는 이유는 무엇입니까?

와인은 오래 숙성되면 세디먼트가 생깁니다. 물론, 이 찌꺼기는 발효와 숙성 과정에 자연히 생기는 부산물로서 레드 와인에 많습니다. 하지만 그 찌꺼기가 부유하게 되면 와인이 탁해지기 때문

에 되도록 글라스에 따르지 않는 것이 좋습니다. 그런 이유로 와인을 이동하거나 서비스할 때 흔들림이 없어야 합니다. 그래서 그 찌꺼기를 와인과 분리하기 위해 디캔팅하는 것입니다.

Q116 디캔팅의 역사는 어떻게 되나요?

처음에는 일반 스틸 와인을 디캔팅하지는 않았습니다. 와인 중에서 찌꺼기가 가장 많은 것은 포트port 와인입니다. 장기간 숙성시킨 포트 와인은 찌꺼기가 거의 1/4을 넘기도 합니다. 그런 이유로 대부분 포트 와인은 디캔팅해서 마십니다. 역사적으로 14세기 백년전쟁 때문에 프랑스와 사이가 나빠진 영국이 포르투갈산 포트 와인을 마시면서부터 디캔팅이 시작되었다고 전해집니다.

Q117 와인을 찌꺼기와 함께 마시면 몸에 해로운가요?

절대 그렇지 않습니다. 와인 찌꺼기는 양조 과정에서 생기는 포도 껍질이나 씨와 같은 부산물입니다. 이것은 폴리페놀polyphenol 등 몸에 이로운 성분을 많이 함유하고 있습니다. 하지만 와인의 색을 흐리게 하고, 입에 꺼칠꺼칠한 느낌이 들기 때문에 와인 맛을 위해서는 썩 좋다고 할 수 없죠.

Q118 찌꺼기가 없는 화이트나 레드 와인도 디캔팅을 하나요?

찌꺼기가 없는 화이트나 레드 와인도 디캔팅합니다. 이런 와인을 디캔팅하는 이유는 찌꺼기를 거르기 위해서가 아니라, 브리딩을 위해서입니다. 이것은 와인을 디캔터에 옮겨 담는 과정에서 공기에 노출하여 와인이 전체적으로 향이 풍부해지고, 맛이 부드러워지는 효과를 내는 작업입니다. 이 과정을 '브리딩시킨다(숨쉬게 한다)'라고 표현합니다.

q119 화이트 와인에 들어 있는 반짝이는 보석 같은 것은 무엇인가요?

이것을 '와인 크리스털wine crystal'이라고 부릅니다. 모래알처럼 작고, 단단하고, 반짝이는 것으로 병 바닥에 깔려 있습니다. 이로 살짝 깨물어 맛을 보면 신맛이 납니다. 이것은 와인 성분 중에서 주석산($C_4H_6O_6$)이 결정화된 것으로 와인을 저온에서 보관할 때 생기며 주로 화이트 와인에 많습니다. 와인의 질과는 상관없으므로 안심하고 드셔도 됩니다. 물론, 디캔팅하여 와인 크리스털을 제거하고 마시면 좋습니다.

q120 올드 와인은 무엇을 말하나요?

올드 와인old wine은 말 그대로 '오래된 와인', 즉 올드 빈티지old vintage 와인을 뜻합니다. 이것은 충분히 숙성되었다는 의미를 포함하고 있습니다. 반면에 올드 바인old vine은 오래된 포도나무를 뜻하는 말로 올드 와인과 구별됩니다. 올드 와인은 숙성되면서 찌꺼기를 남깁니다. 이런 와인은 디캔팅이 필요하겠죠.

q121 와인이 몇 년 정도 되어야 올드 와인이라고 불리나요?

이것을 절대적인 수치로 나타내기는 어렵습니다. 그만큼 주관적이고 상대적이기 때문입니다. 40살인 사람은 20세 젊은이보다 나이 들었다고 할 수 있지만, 60세의 사람에게는 젊은이로 보이겠지요. 올드 와인에는 '충분히' 또는 '숙성된' 등의 의미가 있습니다. 예컨대 보졸레 누보Beaujolais nouveau처럼 오래 숙성시키지 않는 와인은 1년만 지나도 올드 와인에 속합니다. 그러나 힘이 좋은 보르도 그랑 크뤼Grand Cru 와인은 **최소한 15~20년 이상**은 되어야 올드 와인이라는 말을 듣습니다.

122 디캔팅하는 와인과 브리딩하는 와인의 차이는 무엇인가요?

디캔팅이 필요한 와인은 일반적으로 올드 빈티지가 많습니다. 와인이 오래되면 숙성 과정에서 자연스럽게 세디먼트가 생깁니다. 그리고 영 와인young wine이라도 제조 과정상 의도적으로 필터링을 거칠게 해서 세디먼트를 넣어주는 경우도 있습니다. 하지만 양조기술이 발달하여 오늘날 와인들에서는 세디먼트를 그리 쉽게 볼 수 없습니다.

이에 비해 **브리딩은 올드 와인보다는 영 와인**을 대상으로 합니다. 이 작업의 목적은 찌꺼기를 거르는 것이 아니라, 와인을 공기에 최대한 노출시켜서 숙성된 맛을 내는 데 있습니다. 사람으로 치자면 브리딩은 메이크업makeup(화장)과 같습니다. 메이크업을 하는 이유는 자신을 더 나은 모습으로 보여주기 싶기 때문이죠. 단지, 둘 사이에 다른 점이 있다면, 사람이 화장하는 이유는 좀 더 젊게 보이기 위해서지만, 와인을 브리딩(화장)하는 이유는 좀 더 나이 든 모습(숙성된)을 보여주기 위해서라고 할까요?

디캔팅

몇 년 전 지인의 부탁으로 어느 와인 행사에 진행자로 참석했습니다. 그날은 서울 시내 유명 호텔에서 몇 분만을 위해 아주 특별한 와인을 시음하는 자리였죠. 평소에도 와인 행사에는 되도록 참가하는 편이지만, 이날 행사만큼은 며칠 전부터 큰 기대를 품고 기다리던 참이었습니다. 제가 기다리는 행사는 대부분 희귀한 와인이나 특별한 와인을 시음하는 기회입니다. 아무리 와인을 마셔도 이런 속물근성은 어쩔 수 없나 봅니다. 그날 행사의 메인 와인은 바로 샤토 라피트 로쉴드Château Lafite Rothschild 2001년산과 샤토 무통 로쉴드Château Mouton Rothschild 1994년 빈티지였습니다.

이 두 종류의 와인은 프랑스의 보르도 메독 지역에서 생산된 와인으로 최고등급인 프리미에 그랑 크뤼1er Grand Cru에 올라 있는 고급 와인입니다. 이들 와인은 그 질에 걸맞게 최고가에 거래되어, 수많은 와인 생산자와 애호가 사이에서 부러움의 대상이 되고 있습니다.

이런 와인을 테이스팅할 기회가 왔는데, 어떻게 며칠 전부터 들뜨지 않을 수 있을까요? 그러나 제가 그 행사를 진행해야 했기에 적잖이 긴장할 수밖에 없었습니다.

이런 행사에는 스태프들과의 원활한 의사소통이 매우 중요합니다. 저는 행사 며칠 전부터 담당자들과 연락을 주고받았습니다. 테이블 위치와 조명, 행사장을 장식할 꽃의 종류, 메뉴, 순서 등 준비는 완벽하게 진행되고 있었습니다. 그리고 행사를 주관하는 분께 와인을 아주 조심스럽게 다루어 달라고 부탁하면서, 늦어도 3일 전에는 호텔로 옮겨서 반드시 서늘한 곳에 세워서 보관해 달라고 했습니다. 그렇게 모든 것이 완벽하게 준비되었습니다.

드디어 행사 당일이 되자, 저는 흥분을 가라앉히지 못하고 행사 시작 세 시간 전에 현장에 도착했습니다. 사실, 모든 것이 준비되었기에 한 시간 전에만 도착해도 충분했지만, 와인이 마음에 걸려 일찌감치 도착했던 거죠. 먼저 테이블과 기타 준비 상황을 점검하고 나서 와인을 테이스팅할 예정이었습니다. 그런데 담당자는 와인이 아직 도착하지 않았다고 했습니다! 제가 분명히 행사 3일 전에는 와인을 호텔에 보관해 달라고 몇 차례나 부탁했는데도 그렇게 되지 않았던 겁니다. 한 시간쯤 지나자, 담당자가 작은 수레에 태운 와인을 가지고 의기양양한 모습으로 도착했습니다. 그리고 자기가 이렇게 늦은 이유는 와인을 여주에 있는 와인 셀러에서 곧바로 가져왔기 때문이라고 했습니다. 그는 아주 귀중한 와인을 자신의 눈으로 직접 확인할 수 없는 호텔에 두기보다는 자기가 잘 아는 여주의 와인 셀러에 두는 편이 훨씬 안전하고, 보관 조건도 좋다고 판단했다고 말했습니다. 물론, 맞는 말입니다.
그가 가지고 온 와인을 오픈하자, 제 예상대로 와인은 뿌옇고 탁해 보였습니다. 담당자의 얼굴은 사색이 되었고, 혹시 와인을 잘못 구매한 것이 아니냐고 제게 물었습니다. 저는 와인들을 모두 오픈한 다음, 호텔 측의 도움을 받아 디캔팅 작업을 했습니다. 그리고 다행히 행사를 무사히 마쳤습니다.

와인은 시간이 지나 숙성되면 세디먼트가 생깁니다. 이것이 와인의 향과 맛에 영향을 미치지는 않지만, 와인이 안정되지 않으면 찌꺼기가 떠올라 탁해집니다. 이렇게 탁한 와인을 그대로 즐길 수는 없죠. 그래서 마시기 전에 디캔팅해서 찌꺼기를 제거해야 합니다. 이 과정을 더욱 완벽하게 마치려면 디캔팅하기 전 최소한 하루 정도는 와인을 세워둬서 세디먼트를 가라앉히는, 안정화 기간이 필요합니다.

그 행사 담당자는 와인을 일주일 넘게 지하 셀러에서 완벽하게 보관했지만, 차로 옮기면서 가라앉았던 세디먼트가 떠올라 와인이 뿌옇게 되었던 겁니다. 그래서 제가 행사 3일 전에 호텔로 옮겨 세워서 보관해 달라고 부탁했던 것인데, 의사전달이 원활하지 못해서 생긴 사건이었습니다.

고급 와인은 명품 옷과 같습니다. 편하게 입는 청바지는 세탁이나 다림질에 각별히 신경 쓰지 않아도 되지만, 명품 옷은 보관, 세탁, 다림질 등에 신중을 기해야 합니다. 만약, 다림질이 잘못되었다면 그 옷은 명품으로서의 가치가 떨어질 수 있습니다. 서비스가 잘된 와인은 그 무엇과도 비교할 수 없는 맛을 냅니다.
디캔팅은 명품 옷에 다림질하는 것과 같은 의미가 있습니다. 옷은 다림질하지 않아도 신체를 가리는 역할을 충분히 할 수 있습니다. 하지만 제대로 된 다림질은 옷뿐 아니라 그 옷을 입은 사람까지도 빛나게 합니다.
"와인 디캔팅, 잘 부탁합니다!"

Q 123   **디캔팅과 브리딩할 때 사용하는 디캔터는 같은 것을 사용하나요?**

디캔터에는 다양한 모양과 사이즈가 있습니다. 디캔팅할 때 적절한 디캔터의 선택은 매우 중요합니다. 이때 염두에 두어야 할 점은 디캔터의 모양보다 크기입니다. 올드 와인을 디캔팅할 때에는 찌꺼기를 걸러내면서 산소와의 접촉을 되도록 줄이는 것이 좋습니다. 올드 와인은 힘이 떨어진 상태에 있기에 산소와 조금만 접촉해도 금세 힘을 잃어버릴 수 있기 때문입니다. 그래서 올드 와인을 디캔팅할 때에는 산소와의 접촉을 최소화할 수 있는 작은 디캔터가 필요합니다. 반면에 브리딩이 필요한 와인에는 최대한 산소와 접촉할 수 있는 큰 디캔터를 선택하는 것이 좋습니다. 물론, 이런 와인을 디캔팅할 때에는 브리딩의 효과를 극대화하기 위해 와인을 높은 위치에서 가는 줄기로 오랫동안 떨어뜨리는 것도 좋은 방법입니다.

Q 124   **샴페인도 디캔팅하나요?**

물론 자주 하지는 않습니다만 할 수도 있습니다. 샴페인도 디캔팅 과정을 거치면 향이 풍부해지고 맛이 전체적으로 부드러워지는 것을 느낄 수 있습니다. 하지만 샴페인의 생명이라 할 수 있는 탄산가스가 금세 사라진다는 단점이 있습니다. 물론, 샴페인에 포함된 탄산이 너무 강해서 부드럽게 느끼고 싶을 때에는 아주 좋은 방법이겠죠?

Q 125   **비싼 와인은 반드시 디캔팅해야 하나요?**

비싼 와인이라고 반드시 디캔팅해야 하는 것은 아닙니다. 반대로 저렴한 와인에 디캔팅이 필요한 경우도 흔합니다. 이것은 가격의 문제가 아니라, 마시는 사람이 어떤 스타일의 와인을 원하는가에 달려 있습니다.

2. 디캔터의 선택

Q126 디캔터의 사이즈는 어떻게 되나요?

디캔터에는 보통 750ml, 1000ml, 1500ml의 세 종류가 있습니다. 이중 가장 많이 쓰이는 것은 1500ml입니다. 일반적으로 작은 것은 디캔팅용으로, 큰 것은 브리딩용으로 쓰입니다.

Q127 올드 와인용과 영 와인용의 디캔터는?

올드 와인용 디캔터와 영 와인용 디캔터는 사이즈로 구분할 수 있습니다. 영 와인은 되도록 공기와 많은 접촉이 필요하기에 크고, 목이 넓고, 긴 것이 좋습니다.

반면에 올드 와인용 디캔터는 공기의 접촉을 줄일 수 있도록 목이 좁고 짧은, 작은 디캔터가 효율적입니다. 이런 디캔터는 별도의 마개가 있어 공기가 들어가는 것을 최대한 제한할 수 있도록 고안된 것도 있습니다.

영 와인용 디캔터(1500ml)

올드 와인용 디캔터(750ml)

Q 128 **디캔터의 모양에 따라 용도가 달라지나요?**

디캔터는 모양과 디자인이 다양합니다. 일반적으로 흔히 볼 수 있는 것은 호리병 스타일로 목이 있고 밑부분이 넓은 형태입니다. 이것 외에도 오리 모양, 주전자 모양, 꽃병 모양 등의 디캔터도 어렵지 않게 찾아볼 수 있습니다. 하지만 모양에 따라 디캔팅하는 와인의 종류가 달라지는 것은 아닙니다. 용도에 따른 선택의 첫 번째 기준은 사이즈입니다.

Q 129 **좋은 디캔터의 조건은 무엇인가요?**

주요 조건으로 세 가지를 들 수 있습니다. 첫째, 디캔터는 투명해야 합니다. 투명하지 않으면 와인의 세디먼트와 색깔을 정확히 볼 수 없기 때문입니다. 둘째, 디캔터의 모양이 곡선을 이루는 것이 좋습니다. 곡선 모양은 디캔팅할 때 디캔터에서 와인이 넓게 퍼지게 하기에 빠른 브리딩 효과를 볼 수 있습니다. 셋째, 서비스하기에 편리해야 합니다. 아무리 예쁜 디캔터라도 서비스하기에 불편하다면 효용성이 떨어집니다.

Q 130 **디캔터가 없을 때 무엇으로 대용할 수 있나요?**

가정에서 디캔터가 없을 때 대용할 수 있는 것으로는 볼이 넓고 투명한 유리 제품이 좋습니다. 깨끗한 유리 꽃병이나 유리 피처 pitcher가 제격입니다. 반면에 쇠로 된 제품은 피하는 것이 좋습니다. 이런 재질은 불필요한 화학 반응을 일으켜 와인의 맛을 변질시킬 수 있기 때문입니다. 물론, 보기에도 좋아야 하겠지만, 서비스와 관리하기 편한 제품으로 선택하는 것도 잊지 마세요.

3. 디캔팅 방법

Q 131 와인을 디캔팅할 때 어떤 것들이 필요한가요?

와인, 디캔터, 와인오프너, 와인 글라스, 린넨(냅킨), 초, 성냥이 필요합니다. 와인을 디캔팅하는 데 와인, 와인오프너, 디캔터는 당연히 필요하겠죠. 린넨은 서비스할 때 와인이나 불순물을 제거하는 데 쓰입니다. 초는 불을 붙여 디캔팅할 때 와인 세디먼트의 움직임을 확인하기 위한 것입니다. 그리고 글라스는 와인 테이스팅을 위한 것이죠.

Q 132 와인 테이스팅은 디캔팅 이후에 하는 것이 좋은가요?

아닙니다. 와인 테이스팅은 디캔팅하기 전에 하는 것이 좋습니다. 와인 테이스팅은 와인이 정상인지를 확인하기 위한 것입니다. 만약 디캔팅하고 나서 와인에 이상이 있다는 것을 발견하면, 다른 와인으로 다시 디캔팅해야 하는 번거로움이 따릅니다. 먼저 테이스팅하고 와인의 상태에 따라 그 와인에 맞는 디캔터를 선정할 수도 있습니다.

Q 133 디캔팅하는 순서는 어떻게 되나요?

①사진과 같이 먼저 와인을 오픈합니다. ②그리고 적당한 양의 와인을 글라스에 따른 다음, 테이스팅합니다. ③와인의 상태를 확인했으면 그것에 맞는 디캔터를 선정합니다. ④그리고 촛불을 켜놓고 한 손에는 와인을, 다른 한 손에는 디캔터를 들고 와인을 디캔터의 안쪽 벽을 따라 천천히 붓습니다. ⑤시선은 와인 병목에 고정하고 세디먼트의 이동이 시작

되면 와인을 들어 마무리합니다. ⑥디캔팅이 끝나면 디캔터에 있는 와인을 글라스에 따라서 마시면 됩니다.

Q134 촛불은 어디에 놓아야 하나요?

촛불은 테이블 위에 둡니다. 와인을 디캔팅할 때 촛불은 와인 병목 쪽에 있으면 됩니다. 이때 촛불과 병목, 그리고 디캔팅하는 사람의 시선이 일직선이 되어야 합니다. 그래야 와인의 찌꺼기가 병목 쪽으로 이동하는 것을 쉽게 볼 수 있고, 디캔팅을 끝낼 수 있습니다. 그리고 이때 세디먼트를 잘 관찰하려면 포일을 완전히 제거(Q133의 사진 ②)해서 시야를 확보해야 합니다. 디캔팅이 끝나고 촛불을 끌 때에는 절대 불어서 꺼서는 안 됩니다. 촛불을 불어서 끄면 연기에서 나는 파라핀 냄새가 와인의 좋은 향을 해칠 수 있습니다.

Q 135 디캔팅할 때 와인을 디캔터의 어느 부분에 붓는 것이 좋은가요?

와인의 상태에 따라 다르지만, 앞서 말했듯이 와인이 디캔터 바닥에 직접 떨어지지 않도록 벽을 타고 흘러내리게 하면 됩니다. 그러면 디캔터에 와인이 마치 부챗살처럼 퍼져서 더욱 빨리 브리딩하게 할 수 있습니다. 이렇게 하려면 디캔터를 와인 병 쪽으로 조금 기울여주면 됩니다.

Q 136 와인 병을 높이 들어 올리고 와인을 디캔터에 떨어뜨려서 디캔팅 하는 것이 좋은가요?

와인을 높이 들어 올려 디캔팅하는 것은 단지 멋지게 보이려는 퍼포먼스가 아니라, 와인과 공기와의 접촉을 극대화하여 와인의 브리딩을 가속화하기 위한 작업입니다. 이런 방법은 영 와인에는 좋겠지만, 오래된 와인에는 치명상을 입힐 수도 있습니다. 그래서 디캔팅하기 전에 반드시 테이스팅을 해야 합니다.

Q 137 디캔팅할 때 병에 있는 와인을 모두 부어야 하나요?

세디먼트가 없는 와인은 상관없지만, 세디먼트가 많은 와인을 한꺼번에 다 부으면 세디먼트가 디캔터에 함께 들어가므로 디캔팅하는 의미가 없습니다. 이럴 때에는 먼저 3/4 정도만 붓고, 와인 병을 가만히 세워둔 다음, 어느 정도 세디먼트가 가라앉으면 그때 다시 디캔팅하면 됩니다. 이 과정에서도 세디먼트가 들어가지 않도록 끝까지

조심해야 합니다.

Q 138 디캔터에 와인을 가득 채워야 하나요?

1500㎖짜리 디캔터에는 와인 두 병이 들어갑니다. 하지만 디캔팅할 때 와인 두 병으로 디캔터를 가득 채우지는 않습니다. 일반적으로 한 병만 넣어 디캔터의 반 정도만 채웁니다. 만약 와인을 디캔터에 가득 채우면 서비스할 때 불편할 뿐만 아니라 브리딩도 늦어집니다. 귀찮더라도 한 병씩 천천히 하세요.

Q 139 와인 디캔팅 크래들cradle이 무엇인가요?

세디먼트가 많은 올드 와인을 디캔팅할 때 사용하는 기구입니다. 이 기구를 사용하면 더욱 정밀하게 디캔팅할 수 있습니다.

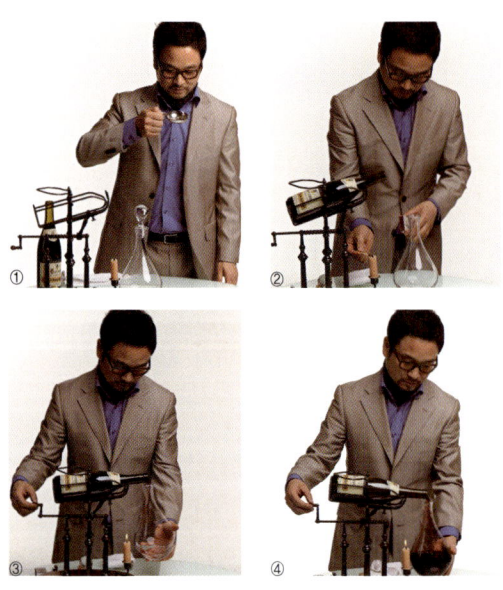

Q 140 **디캔터로 와인을 서비스할 때 두 손으로 해도 되나요?**

한 손으로 서비스하는 것이 더 멋지게 보일 수도 있습니다만, 가장 먼저 고려해야 할 점이 바로 안전입니다. 그래서 숙련되지 않은 사람은 디캔터를 두 손으로 받쳐서 서비스하는 것이 좋습니다(사진①). 특히 큰 디캔터에 와인이 조금 남았을 때에는 아래 사진처럼 디캔터를 거꾸로 잡고 하는 것이 편리합니다(사진②).

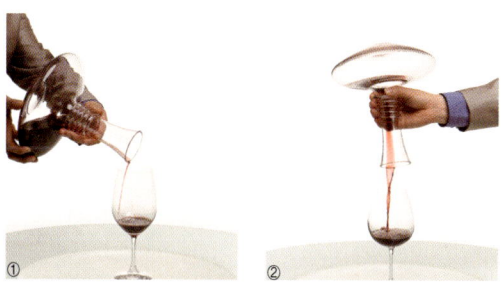

Q 141 **디캔팅이 끝난 빈 와인 병은 테이블에서 치워야 하나요?**

그것은 호스트가 결정할 문제입니다. 레스토랑이나 가정에서 디캔팅했을 때 빈 병이라도 테이블 위에 올려놓는 것이 좋습니다. 와인을 준비한 사람은 디캔터에 어떤 와인이 담겨 있는지 알 수 있지만, 초대된 사람은 알 수 없기 때문에 와인 병을 테이블에 올려둬서 어떤 와인인지를 알려주는 것이 좋습니다. 하지만 이것은 테이블에 그럴 만한 공간이 있을 때 가능한 일이겠지요.

Q 142 **사용하고 난 디캔터는 어떻게 세척하나요?**

한번 사용하고 난 디캔터는 되도록 빨리 따뜻한 물에 두세 번 헹궈주는 것으로 충분합니다. 만약 찌든 때가 있다면 부드러운 세척솔 등을 이용하는 것이 좋습니다. 그리고 잘 건조해둬야 물때가 끼지 않기에 깨끗이 헹군 디캔터는 넘어지지 않게 거꾸로 세워서 말린 다음, 깨끗한 린넨으로 부드럽게 닦아서 보관하면 됩니다.

Q143 디캔터에서 좋지 않은 냄새가 날 때 이것을 없앨 방법이 있나요?

디캔터에서 냄새가 나는 이유는 곰팡이 때문입니다. 디캔터를 잘 건조하면 곰팡이는 자연적으로 사라집니다. 그러려면 먼저 디캔터를 잘 세척하고, 완전히 건조하고 나서 똑바로 세워서 보관하는 것이 좋습니다. 그리고 오랫동안 사용하지 않은 디캔터는 자주 세척해야 한다는 것도 잊지 마세요.

냄새가 많이 날 때에는 세제를 따뜻한 물에 풀어 하룻밤 정도 두었다가 긴 솔 등 부드러운 것으로 닦아서 관리를 하면 됩니다.

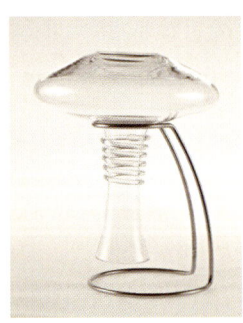 

1. 와인과 숙성

Q144 **와인의 유통기한이 얼마나 되나요?**

유통기한은 식음료의 품질과 관계가 있으므로 공공 기관이나 제품을 만든 회사에서 지정합니다. 식품의 종류에 따라 며칠에서 몇 년까지 다양하며, 소비자가 쉽게 인지할 수 있도록 제품에 표시합니다. 유통기간을 정한 목적은 시간이 경과함에 따라 식품의 맛이나 성분이 변하여 사람이 섭취해서는 안 되는 시점을 지정하는 데 있습니다. 일반적으로 유통되는 먹을거리나 마실 거리에는 유통기한 또는 품질유지기한이 표시되어 있습니다. 물론, 발효주(막걸리, 맥주 등)에도 품질유지기한이 정해져 있습니다. 그러나 발효주 중에서 와인은 이런 유통기한이 정해져 있지 않습니다.

q 145 **와인은 부패하지 않나요?**

유통기한 또는 품질유지기한을 정해 놓은 것은 부패한 식품을 섭취하여 사람의 몸에 이상이 생기지 않게 하기 위해서입니다. 물론, 와인도 오래 보관하면 맛이 변합니다. 하지만 이런 현상을 '부패'라고 부르지 않고 '산화'라고 표현합니다. 와인이 산화하면 신맛이 강해지며 실제로 식초가 됩니다. 식초 또한 식품입니다. 와인이 식초가 된다면 와인으로서의 생명은 다한 것입니다. 그러나 셰리sherry 등 일부 와인은 의도적으로 산화시켜 만들기도 합니다.

q 146 **위스키를 포함한 증류주도 산화하나요?**

위스키처럼 증류해서 만드는 술은 산화하지 않습니다. 그리고 일단 병입되면 더는 숙성되지도 않습니다. 위스키 원저 17년산을 10년 보관한다고 해서 원저 27년산이 되지 않는 것과 마찬가지입니다. 그러나 와인은 병입되어도 계속 나이를 먹습니다. 숙성이 계속 진행된다는 이야기죠. 그래서 위스키에는 나이가 있고(원저 12년, 원저 17년 등) 와인에는 '태어난 해(vintage)'만 있습니다. 즉, 위스키는 병입되는 순간 숙성이 중단되지만, 와인은 병입되어서도 숙성이 계속 진행됩니다. 물론, 위스키도 시간이 지나면 성분들이 증발되어 미세하게 풍미가 변합니다만, 그것은 숙성 때문이 아닙니다.

q 147 **'산화'는 무엇을 말하나요?**

산화는 공기, 즉 산소의 영향을 받는 것을 말합니다. 와인이 산소에 노출되면 맛과 향은 물론이고 색도 변합니다. 이처럼, 와인이 숙성되는 과정 역시 화학적으로는 산화라고 볼 수 있습니다. 하지만 와인이 '산화했다'고 하면 숙성이 지나쳐 식초에 가까운 맛이 되었다는 의미입니다.

Q148 와인은 어떻게 하여 산화하나요?

공기에 많이 노출되면 그만큼 빨리 산화합니다. 온도의 변화가 심하거나 자외선에 노출되거나, 너무 건조한 곳에 있을 때, 심한 진동이 있을 때에도 산화 속도가 빨라집니다. 그래서 와인을 보관할 때에는 온도, 습도, 빛, 그리고 진동 등의 요소에 신경을 많이 써야 합니다.

Q149 와인이 산화하면 어떻게 변하나요?

색이 전체적으로 탁해져서 적벽돌색에 가까워집니다. 향은 초산, 즉 감식초 맛이 나고, 맛 역시 신선하지 않고 밍밍해져 피니쉬가 빨리 사라집니다.

2. 남은 와인 보관법

Q150 오픈한 와인은 얼마나 오랫동안 마실 수 있나요?

와인마다 차이가 있습니다. 힘이 좋은 와인은 일주일 넘게 보관해도 괜찮지만, 힘이 약한 와인은 몇 시간 만에 맛이 변할 수도 있습니다. 일반적으로 우리가 쉽게 접하는 젊은 와인은 냉장고에 보관할 때 2~3일 정도는 마실 만합니다.

151. 오픈한 와인을 오래 보관하려면 어떻게 해야 하나요?

오픈한 와인이 빨리 산화하는 이유는 공기와 접촉이 많아지기 때문입니다. 따라서 이 접촉을 최대한 줄인다면, 더 오래 보관할 수 있습니다. 하지만 반 병 정도 남은 와인의 공기 접촉을 줄이기는 사실상 어렵습니다. 이럴 때 병째로 두기보다는 작은 병에 옮겨 담아 병을 가득 채우면 공기 접촉을 줄일 수 있습니다. 요즘은 질소가스 분사기나 공기를 제거하는 기구를 사용하기도 합니다. 또 산화를 느리게 하기 위해서는 고온보다는 저온, 즉 냉장 보관하는 것이 유리합니다. 하지만 가장 현명한 방법은 '오픈한 와인은 최대한 빨리 마신다'는 것입니다.

152. 오픈한 와인도 눕혀서 보관해야 하나요?

마시다 남은 와인은 눕혀서 보관할 필요가 없습니다. 남은 와인이 빨리 산화하는 이유는 병 외부의 공기보다는 내부의 공기 때문입니다. 아래 사진과 같이 와인 병을 눕히면 세웠을 때보다 더 넓은 면적의 와인이 공기와 접촉하므로 산화가 더 빨리 진행됩니다.

Q153 **오픈한 와인의 공기 접촉을 막기 위해 촛농 등을 이용해 코르크와 함께 완전히 밀봉하면 안 되나요?**

효과는 미미합니다. 바로 앞에서 설명했듯이 오픈한 와인이 빨리 산화하는 이유는 와인 병 내부의 공기 때문입니다. 오픈한 와인에 새로운 공기가 들어가지 않더라도, 내부 공기만으로 급속한 산화가 충분히 진행될 수 있습니다.

Q154 **와인을 오래 보관하기 위해서 냉동하면 안 되나요?**

많은 식품을 냉동 보관할 수 있죠. 요즘은 사골 국물을 한 솥 끓여서 여러 개의 팩에 옮겨 넣고 냉동고에 얼려 두었다가 데워 먹곤 합니다. 하지만 와인은 얼리면 향과 맛이 크게 손상됩니다. 먼저 와인이 얼면 물과 알코올이 분리되고 향과 맛도 사라집니다. 와인 샤베트를 원하시는 것이 아니라면 절대 얼리지 마세요.

Q155 **오픈한 와인 병을 코르크로 다시 막으려고 하면 코르크가 잘 들어가지 않아요.**

코르크 아래쪽 부분은 와인과 닿아 있어서 수분의 영향을 받아 팽창되어 있습니다. 그래서 한번 빼낸 코르크를 다시 끼우기가 쉽지 않습니다. 이럴 때에는 와인 코르크를 깨끗이 닦은 다음, 거꾸로 끼우면 쉽게 들어갑니다. 또 와인샵에서 구할 수 있는 와인 스토퍼stopper를 이용할 수도 있습니다. 스토퍼는 주로 플라스틱 재질로 되어 있고 코르크처럼 와인 병의 입구를 막는 데 사용합니다. 하지만 스토퍼가 와인의 산화를 막아주지는 못합니다.

3. 와인 셀러의 조건

q156 와인을 보관하는 와인 셀러의 조건에는 어떤 것이 있나요?

와인을 오랫동안 신선하게 보관하는 데에는 몇 가지 조건이 필요합니다. 그것은 온도, 습도, 빛, 진동과 향입니다. 그중에서 습도와 향은 코르크 마개와 관련이 있습니다. 코르크의 미세한 구조를 통해 공기가 병의 외부와 내부를 순환하여 와인의 상태에 영향을 주기 때문이죠. 그러나 플라스틱 코르크나 스크루캡은 습도와 향에 크게 영향을 주지 않습니다.

q157 와인의 종류에 따라 적정 보관 온도가 각기 다른가요?

종류와 상관없이 와인을 보관하는 온도는 13~17℃ 정도가 적당합니다. 온도가 너무 높으면 숙성이 빨리 진행되고, 반대로 온도가 너무 낮으면 제대로 숙성되지 않고, 주석산 등이 결정화하여 신선한 맛이 반감될 수 있습니다. 그리고 와인이 얼면 다시 녹더라도 맛이 변하므로 절대로 얼지 않게 해야 합니다.

와인을 보관할 때는 적정 온도를 유지하여 기복이 없어야 합니다. 온도가 조금 높거나 낮더라도 일정한 온도로 꾸준히 유지하는 것이 중요합니다.

q158 와인 코르크에 곰팡이가 생기지 않게 하려면 습도를 없애야 하나요?

습도는 충분해야 합니다. 약 70% 정도가 적당합니다. 너무 건조하면 코르크가 수축하여 공기가 와인 병 안으로 과도하게 유입되기 때문에 와인의 산화가 빨리 진행될 수 있습니다. 반면에 습도가 너무 높으면 곰팡이가 생겨 라벨과 코르크가 손상될 수 있습니다.

159 빛은 와인에 어떤 역할을 하나요?

와인이 병 안에 있는 동안은 숙성이 천천히 지속적으로 진행됩니다. 그래서 와인이 숙성되는 과정을 와인이 '잠을 잔다'라고 표현하는 겁니다. 깊은 잠을 자기 위해서는 빛이 들지 않는 것이 좋습니다. 빛, 특히 자외선은 와인에 불필요한 화학 작용을 일으키므로 주의해야 합니다. 이런 이유로 빛을 차단하고자 색을 넣어 와인 병을 만들게 되었습니다.

160 보관 중인 와인에 진동은 어떤 효과가 있나요?

진동은 와인에 들어 있는 세디먼트를 부유하게 하여 와인을 탁하게 합니다. 그리고 와인의 숙성(산화)을 과도하게 촉진하는 원인이 됩니다. 그래서 와인을 운반할 때에는 최대한 진동을 줄여 천천히 움직여야 합니다.

161 향은 와인 보관에 어떤 영향을 미치나요?

와인이 주변의 다른 향이나 냄새에 노출되면, 그것이 와인에 스며듭니다. 특히 마늘 등 양념 재료에서 나는 강한 냄새나 휘발유 등 기름 냄새는 코르크를 통해 와인에 쉽게 배게 되므로 특히 조심해야 합니다. 그래서 와인 셀러에 신선한 공기를 공급하는 것이 매우 중요합니다.

162 와인은 세워서 보관해야 하나요?

와인은 반드시 눕혀서 보관해야 합니다. 코르크 마개에 충

셀러 여행

천장이 높은 미팅룸에서 부드러운 미소와 위엄을 갖춘 공작님과 상견례를 했습니다. 방금 구워낸 쿠키와 따뜻한 허브차는 긴 여정의 피곤함을 씻어주었습니다.
이렇게 잠깐 휴식하고 나서 우리는 그 샴페인 하우스 오너인 공작님의 안내로 거실을 가로질러 성문처럼 커다란 문 앞에 섰습니다. 문을 양쪽으로 밀자 갑자기 시원하고 습한 공기가 훅! 하고 밀려왔습니다. 그리고 끝없이 길게 느껴지는 어둠이 우리 앞에 펼쳐졌습니다. 잠시 후 딸각! 하는 스위치 소리와 함께 안내등이 켜졌습니다. 안내등은 마치 고대의 왕을 모시는 하인처럼 낮게 엎드려 있었습니다. 그 빛은 아주 미미했고 바닥에 거의 붙어 있어 간신히 앞을 분간할 수 있을 정도였습니다. 그 희미한 빛 덕분에 우리가 걸어가야 할 곳이 평지가 아니라, 지하로 곧장 연결되었다는 것을 알았습니다.
앞서 걸어가던 공작님은 잠시 멈춰서 촛불을 밝혀 든 다음, 천천히 지하로 내려가기 시작했습니다. 우리 일행도 마치 전쟁터에서 장군을 따라가는 병졸들처럼 아무 말 없이 그 뒤를 따랐습니다.
계단을 내려갈수록 발목에 와 닿는 공기가 점점 더 차갑게 느껴졌습니다. 중간쯤 내려가자 밖의 더운 날씨와는 상관없이 기온이 낮아 오싹하게 느껴졌습니다. 그제야 가벼운 외투를 걸치라고 했던 공작님 말씀을 귀담아 듣지 않았던 것이 후회스러웠습니다. 지하 카브cave는 일 년 내내 그 정도의 온도를 유지한다고 합니다.
흰 대리석 계단을 따라 아래로 내려갈수록 습기가 더 많이 느껴졌습니다. 계단 가장자리 쪽 홈이 팬 곳에는 도롱뇽이 살기에 좋을 정도로 축축했습니다. 하지만 물이 고여 흐를 정도는 아니었습니다. 만약 그 정도가 된다면 습도가 너무 높아 와인에 좋지 않습니다. 특히, 코르크의 부패와 라벨의 손상이 일어나 와인의 가치를 떨어뜨리는 요인이 됩니다. 우리나라의 지하 카브는 일반적으로 습도가 너무 높은 것이 문제여서, 여름철에는 제습기를 가동해야 한다고 합니다.
조심스럽게 한 발 한 발 내디디며 20m 정도 더 내려가서 바닥에 도착했습니다. 그렇게 한 굽이를 돌자 갑자기 시야가 확 트이면서 마치 고대 그리스 신전 안에 들어와 있는 듯한 느낌이 들었습니다. 샴페인 지역의 토양은 백악질이며, 그 밑부분은 하얀 대리석 암반으로 되어 있습니다. 그래서 로마시대에 신전을 지을 때 여기에서 돌을 캐 갔다고 합니다. 로마의 거대한 신전들은 대부분 이 지역 암석으로 건축된 셈입니다. 그리고 암석을 캐어 간 그 자리가 약 300년 전부터 와인 셀러로 활용되고 있다고 합니다. 샴페인 하우스에 따라 다르지만, 셀러의 길이가 긴 곳은 30km에 가깝다고 합니다. 그 지하 셀러는 인간이 만든 위대한 작품처럼 보였습니다. 물론, 고달픈 삶을 살았던 노예들의 유산이기도 하고요.

바닥에 도착했을 때에는 눈이 어둠에 적응되었기 때문인지 계단에서보다는 주위가 조금 더 환한 것 같았습니다. 하지만 조명은 최대한 절제한 듯했습니다. 와인이 숙성되는 것은 사람으로 치자면 잠을 자는 것과 같습니다. 빛이 너무 밝으면 깊이 잠들기 어렵듯이, 와인도 밝은 조명 아래서는 제대로 숙성되지 못합니다. 특히, 자외선은 와인에 불필요한 화학 반응을 일으키기 때문에 반드시 피해야 합니다. 카브 안의 공기는 신선했고 온도는 약 13℃, 습도는 70% 정도를 가리키고 있었습니다. 이런 조건은 일 년 내내 거의 변화가 없다고 합니다.

셀러의 기본조건 중에서는 적당한 온도와 습도가 매우 중요합니다. 온도가 너무 높으면 와인이 너무 빨리 숙성되고, 너무 낮으면 제대로 숙성이 되지 않습니다. 적정 온도 13~17℃가 꾸준히 유지되어야 합니다.

또 습도는 와인이 숙성되는 데 아주 중요한 요소로, 습도가 너무 낮으면 코르크가 수축하여 공기가 과도하게 와인 병 안으로 유입됩니다. 따라서 와인의 숙성이 빨리 진행되죠. 그래서 습도는 70% 정도가 좋습니다. 이런 온도와 습도의 조절이 가장 자연스럽게 되는 곳이 바로 지하 카브입니다.

아울러 와인의 향에 좋은 영향을 미치는 신선한 공기가 필요합니다. 일반적으로 지하는 환기가 잘 되지 않기 때문에 더욱 신경을 써야 합니다. 만약 환기가 제대로 되지 않으면 꿉꿉한 곰팡내가 와인에 스며듭니다. 그래서 깊은 지하라도 환기시설은 필수입니다. 이것은 공작님이 우리를 안내하는 동안 손에서 놓지 않았던 촛불과 관련이 있습니다. 와인이 카브에서 제조, 숙성될 때 발효하면서 이산화탄소가 발생합니다. 이산화탄소는 무색무취이지만 사람에게는 치명적입니다. 그래서 촛불을 켜놓으면 이산화탄소가 많은 곳에서는 촛불이 꺼져서 위험을 알리기에 귀중한 생명을 건질 수 있습니다. 실제로 이런 문제에 대해 주의를 소홀히 해서 지금도 여전히 인명사고가 일어나고 있습니다.

제가 방문한 샴페인 하우스의 지하 카브는 폭이 약 3미터 정도의 기다란 복도처럼 되어 있었습니다. 그리고 군데군데 좁은 마당 정도 넓이의 공간이 지하철역처럼 복도를 연결하고 있습니다.

마지막으로 한참을 걸어 한쪽에 마련된 테이스팅 코너에서 함께 샴페인을 테이스팅했습니다. 깊은 카브에서 했던 와인 테이스팅은 제게 아주 특별한 추억으로 남아 있습니다. 깊은 동굴 속은 마치 어머니의 품 속처럼 편안했습니다. 흙에서 나서 흙으로 돌아가는 사람들처럼 흙(포도나무)에서 시작되어 흙(카브) 속에서 숙성되는 와인은 분명 사람과 닮아 있었습니다. 그래서인지 카브가 저에겐 편안한 사색의 공간이자 창조의 시간으로 느껴집니다.

분한 습기를 공급하는 것이 좋은데, 와인을 세워서 보관하면 코르크가 수축하여 외부 공기가 과도하게 유입되고 산화가 빨리 진행되기 때문입니다. 눕혀서 보관하면 코르크 안쪽은 항상 와인에 젖어 있으므로 와인 코르크가 팽창된 상태를 유지하여 과도한 공기 유입을 막을 수 있습니다.

Q163 일반 가정에서는 와인을 어디에 보관하는 것이 좋을까요?

앞에서 살펴본 조건들을 기준으로, 가정에서 일반적으로 와인을 보관하는 장소들을 정리해 보았습니다.

	냉장고	장식장	베란다	붙박이장	신발장
온도	O	X	X	O	O
습도	X(건조함)	X	X	X	X
빛	O	X	X	O	O
진동	X	X(오디오 등)	O	O	O
향	X(양념냄새)	O	O	O	X

(도시의 아파트 기준 / O ; 좋음, X ; 나쁨)

위의 도표를 보면 사람들이 흔히 와인을 보관하는 장식장이 가장 좋지 않은 장소라는 것을 알 수 있습니다. 장식장은 냉·난방의 영향 등으로 낮과 밤의 기온 차이가 크고 내부가 건조합니다. 또 실내조명에 노출되어 있고 오디오 등 음향기기 때문에 진동이 자주 일어납니다. 지금도 장식장에 와인이 있다면 다른 곳으로 옮겨 보관하시거나 되도록 빨리 드시는 것이 좋습니다.

냉장고 안은 의외로 아주 건조합니다. 냉장고에 있는 음식이 상하는 경우는 흔치 않으나, 오래된 음식이 말라 비틀어져 먹을 수 없게 되는 이유는 바로 냉장실이 건조하기 때문입니다. 위의 결과를 보면 붙박이장이 가장 좋은 조건을 갖추고 있습니다. 여기서 붙박이장은 보일러가 잘 작동하지 않는, 창고처럼 쓰는 방에 설치된 것을 기준으로 삼았습니다. 그곳은 냉난방 시설을 자주 작동하지 않기 때문에 온도 변화가 적고, 문이 닫혀 있으면 빛은 물론 진동과 향에도 영향을 덜 받습니다.

Q164 와인 보관 시 습도 조절이 어려운데 좋은 해결책이 없을까요?

시멘트로 건축한 집, 특히 지상에서 멀리 떨어진 아파트는 쉽게 건조해집니다. 이런 이유로 예전에는 지하에 저장고를 만들었습니다. 위 도표를 보면 붙박이장은 습도 문제만 해결된다면 와인을 보관하기에 가장 적절한 장소입니다. 습도 문제는 붙박이장 안에 깨끗한 물을 용기에 담아 함께 두면 어느 정도 해결할 수 있습니다.

Q165 와인을 잘 보관하려면 와인 셀러를 구비해야 하나요?

물론, 와인 셀러가 있으면 참 좋겠죠. 하지만 셀러의 가격과 유지비가 부담될 수 있습니다. 와인을 몇 년 이상 보관할 계획이라면 셀러를 구비하는 것이 현명합니다. 그러나 와인을 구매해서 몇 개월 내에 마실 계획이라면(올드 와인 제외) 셀러가 반드시 필요하지는 않습니다. 그 돈으로 와인을 더 즐기는 편이 나을 수도 있습니다.

q 166 **셀러 없이 와인은 얼마나 오래 보관할 수 있을까요?**

와인의 라이프 사이클을 그래프로 그려보면 일반적으로 포물선의 형태입니다. 와인이 만들어지고 숙성되면서 서서히 질이 좋아지다가 정점에 도달하면 그때부터는 힘이 떨어집니다. 그래서 와인은 그 정점에서 마실 때가 가장 좋습니다. 하지만 정점에 도달하는 기간은 와인마다 다릅니다. 예컨대 신선하고 가벼운 와인은 짧은 기간에, 아주 힘이 좋은 와인은 수십 년이 지나서야 정점에 도달하기도 합니다. 그래서 더 숙성될 힘 없는 올드 와인은 보관 상태에 따라 민감하게 반응하지만, 힘이 좋은 영 와인은 그다지 민감하지 않습니다. 우리가 일반적으로 마시는 와인은 대부분 영 와인입니다. 이런 와인들은 눕혀만 놓으면 몇 개월 정도는 충분히 신선하게 보관할 수 있습니다.

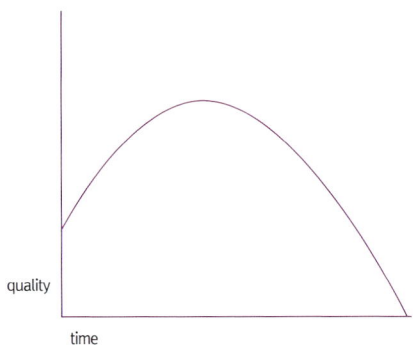

와인의 라이프 사이클

Q 167 셀러에는 어떤 것이 있나요?

와인을 보관하기에 가장 이상적인 셀러는 '카브cave'라고 부르는 지하 공간입니다. 이것은 보통 지하 1~2층 정도의 깊이에 설치되어 자연적으로 온도, 습도, 빛 등이 와인 보관에 최적의 조건을 제공합니다. 도시의 아파트에서는 이런 공간을 확보한다는 것이 사실상 불가능하므로 전기 셀러를 사용하기도 합니다. 전기 셀러는 냉장고처럼 자동으로 온도 조절이 되고, 진동도 최소화되어 있으며 모델에 따라서는 습도 조절도 가능합니다. 물론, 가격이나 전기료 등 유지비가 만만치 않다는 단점이 있습니다.

Part 3
와인, 깊은 만큼 행복하다

Introduction

포도주의 신 디오니소스는 제우스와 세멜레 사이에서 태어난 아들로서 헤라의 저주를 받아 광기(狂氣)에 사로잡힌 채 세상을 떠돕니다. 그러면서 대지를 풍요롭게 하고, 사람들에게 포도 재배하는 법을 알려주기도 합니다. 생각해보면, 디오니소스의 성격은 와인의 특성을 그대로 드러내는 듯합니다. 와인은 창조적 영감과 순수한 기쁨의 근원이기도 하지만, 지나치면 광기를 불러올 수도 있으니까요. 그런가 하면, "한 병의 와인에는 이 세상 모든 책보다 더 많은 철학이 들어 있다."라고 했던 17세기 프랑스의 철학자 파스칼은 진지한 사유를 촉발하는 와인의 심오한 측면을 칭송했던 것 같습니다.

와인은 언제 처음 만들어졌을까요? 크로마뇽인들이 라스코Lascaux 동굴 벽화에 그린 포도 그림을 보고 3~4만 년 전으로 추정하는 사람들이 있습니다. 또한, 고고학자들은 기원전 9000년 경에 인류가 최초로 와인을 마시기 시작했다고 주장합니다. 《성경》에도 노아가 대홍수가 끝난 다음 포도나무를 심고 와인을 만들었다는 내용이 나오지요. 어쨌든, 인류의 역사가 곧 와인의 역사라는 것만은 분명한 사실인 듯합니다.

와인의 기원과 관련해서 이런 이야기도 전해집니다.
"포도를 따서 항아리에 담아 두었다. 세월이 흐르자, 항아리 속의 포도가 썩기 시작했다. 급기야 이상한 냄새는 물론이고 요괴가 마술을 부리듯 이상한 소리도 난다. 싱싱한 포도는 사라지고 곰팡이만 잔뜩 끼어 있다. 악마의 저주가 내린 것일까! 이 해괴한 것을 먹으면 목숨을 잃을 것 같다. 남편과의 불화로 아내는 하루하루가 지옥같다. 그러다가 사랑하는 아이가 병으로 죽었다. 이제는 희망도, 살아야 할 이유도 없다. 죽기로 결심한다. 아내는 악마가 만든 포도 썩은 물을 큰 바가지 하나 가득 떠 마신다. 시야가 어릿어릿해지고 정신까지 몽롱해 그대로 쓰러진다. 아내는 드디어 지옥같은 현실을 벗어나 천당에 와 있다. 꽃이 만발하고 과일이 지천으로 깔렸다. 난생처음 행복을 느낀다. 얼마 후 깨어보니 마치 새로 태어난 것처럼 몸도 가볍고, 근심도 사라지고, 기분이 상쾌하다. 아내는 포도주가 악마의 저주가 아니라 천사의 축복임을 깨닫고 마음이 아픈 사람들에게 나누어 준다."

물론, 이 이야기는 와인의 탄생을 소재로 한 우화입니다.
많은 전문가가 알코올 중독이나 음주 사고와 같은 술의 폐해를 지적합니다만, 술이 사라지기는커녕 수요가 늘어나는 이유는 무엇일까요? 흡연자들은 매년 줄고 있지만, 와인 애호가는 점점 늘고 있는 이유는 무엇일까요? 이 장에서는 와인의 족보(분류)와 제조과정, 동양적인 철학이 담겨져 있는 테루아를 살펴보면서 와인에 한걸음 더 가까이 다가갑니다.

1. 와인이란?

q168 **와인과 포도주의 차이점은 무엇인가요?**

포도주는 와인의 우리말 표기입니다. 같은 말입니다. 화이트 와인과 레드 와인을 각각 '백포도주', '적포도주'라고 부릅니다. 너무 쉬운가요?

q169 **와인을 한마디로 정의한다면?**

'포도즙을 발효시킨 술'이라고 정의할 수 있습니다. 와인 제조 과정에서 효모의 작용으로 일어나는 발효는 매우 중요합니다. 발효가 이루어지지 않은 상태의 포도즙을 '와인'이라고 부를 수 없습니다. 발효는 와인을 위스키나 꼬냑 등의 증류주와 구별하는 기준이 되기도 합니다.

Q 170   **발효와 부패는 어떻게 다른가요?**

발효와 부패는 유기물 분해 과정으로, 발효된 음식은 사람이 섭취할 수 있지만, 부패한 것은 먹을 수 없습니다. 와인은 포도를 발효시킨 결과물입니다. 발효는 효모가 포도에 있는 당을 분해하여 알코올과 이산화탄소를 생성하는 과정을 말합니다.

Q 171   **막걸리를 '라이스 와인(Rice Wine)'이라고 표기합니다. 막걸리도 와인의 종류인가요?**

우리말 표기로 와인은 '발효주'를 의미합니다. 과일, 식물 또는 곡류를 이용하여 발효시킨 술을 '와인'이라고 표현합니다.(감 와인, 복분자 와인, 라이스 와인 등) 하지만 세계적으로 통용되는 와인의 의미는 오직 포도로 만든 발효주만을 의미합니다. 즉, 포도주만이 와인이죠. 그래서 외국 사람들에게 막걸리를 '와인'으로 소개하면 조금 의아한 표정을 짓기도 합니다.

Q 172   **집에서 포도에 소주를 넣어 만드는 포도주도 와인인가요?**

어머니의 정성이 들어간 이런 음료만큼 맛있는 것도 찾기 어렵죠. 그러나 와인의 제조 과정에 따른 분류를 보면 이런 것은 와인이 될 수 없습니다. 와인은 효모의 작용으로 발효가 이루어집니다. 이 효모는 일반적으로 온도와 알코올에 민감하게 작용합니다. 온도가 너무 높거나 낮을 때, 또는 알코올의 도수가 너무 높을 때에는 알코올을 만드는 효모의 활동에 지장을 줍니다. 만약 포도즙에 소주(보통 알코올 20% 이상)를 넣으면 효모가 활동하지 못합니다. 효모가 활동하지 못하면 발효가 되지 않아 와인이 단맛을 냅니다. 포도 주스에 소주를 섞은 맛과 비슷하죠. 이것은 음료의 분류에 따라 포도를 소주에 침출한 혼성주liqueur로 구분 됩니다. 굳이 와인 분류에 넣는다면 주정강화 와인fortified wine에 가깝습니다.

q173 그렇다면, 집에서는 와인을 만들 수 없나요?

가정에서도 충분히 개성 있는 와인을 만들 수 있습니다. 와인을 만들 때 가장 어려운 부분은 효모를 확보하는 일이었는데, 요즘은 양조용 효모나 누룩을 쉽게 구할 수 있습니다.

q174 와인의 종류에는 어떤 것이 있나요?

와인의 종류는 관점에 따라 몇 가지에서 수천 수만 가지로 분류할 수 있습니다. 아래는 와인의 제조 방법에 따른 분류입니다.

와 인	스파클링 와인 (sparkling wine: 탄산가스가 있는 와인)	샴페인, 크레망(Crémant, 프랑스), 카바(Cava, 스페인), 젝트(Sekt, 독일), 스푸만테(Spumante, 이탈리아)
	스틸 와인 (still wine: 탄산가스가 없는 와인)	화이트White, 레드Red, 로제Rosé
	주정강화 와인 (fortified wine: 와인에 주정(알코올)을 첨가해 일반 와인보다 알코올이 높음(18% 이상))	포트Port, 셰리Sherry

스파클링 와인

스틸 와인

주정강화 와인

Q175 와인 재료가 되는 포도에는 어떤 품종이 있나요?

일반적으로 와인은 순수하게 포도로만 만들어집니다. 포도에는 식용과 양조용이 있고, 보통 양조용 포도로 와인을 만듭니다. 양조용 포도 종류에는 샤르도네, 소비뇽 블랑, 리슬링 등의 화이트 포도 품종과 카베르네 소비뇽, 메를로, 쉬라, 진판델, 말벡 등의 레드 포도 품종이 있습니다.

2. 스틸 와인 제조

Q176 스틸 와인이란 어떤 와인인가요?

스틸 와인은 발포성 와인과 반대되는 것으로, '비발포성 와인'이라고도 합니다. 우리가 흔히 마시는 탄산가스가 없는 와인을 말하지요. 스틸 와인에는 화이트, 레드, 로제rosé 등이 있습니다.

Q177 스틸와인은 어떻게 만들어지나요?

와인은 보통 알코올 성분을 13%(종류에 따라 4~16%) 정도 함유한 알코올 음료입니다. 이 알코올은 포도에 포함된 당과 효모가 만들어내는데, 효모가 당을 분해하면서 알코올을 생산하고 탄산가스를 배출합니다. 그 알코올을 병에 담은 것이 스틸와인이고 탄산가스까지 담으면 스파클링 와인이 만들어집니다.

$$당 + 효모 \Rightarrow 알코올 + CO_2$$

178 화이트 와인의 제조 과정은 어떻게 되나요?

> 수확-제경, 압착-발효-숙성-거르기-병입

수확 포도 수확은 보통 가을에 하지만 종류에 따라서는 겨울에도 선별하여 수확합니다. 일반적으로 포도는 송이째 수확하지만, 와인 스타일에 따라서 포도 알맹이만, 또는 포도 가지째 수확하기도 합니다. 수확하는 방법은 일일이 손으로 하거나 기계를 이용합니다. 전자가 더 고급스러운 와인을 만들 때 이용하는 방법입니다.

제경 수확된 포도송이에서 줄기를 제거하고 포도 알맹이만 분리합니다. 좋은 와인을 만들기 위해 제경된 포도 알맹이 중에서 좋은 것만 선별하는 작업을 별도로 하기도 합니다.

압착 선별된 포도를 압착기에 넣고 천천히 누릅니다. 이때 껍질이나 씨에 지나친 압력을 가하지 않고 포도 과즙만 빠질 정도로 부드럽게 압착합니다. 이런 방법으로 적포도 품종으로 화이트 와인을 만들 수도 있습니다.

발효 나무나 스테인리스 등으로 제작한 발효통에 압착하여 추출한 포도 주스와 효모를 넣고 발효시킵니다. 와인의 성격에 따라 발효 기간과 발효 온도가 달라집니다. 신선함이 중요한 화이트 와인은 주로 저온발효(8-14℃)를 합니다. 이런 발효 과정에서 당이 알코올로 변합니다.

숙성 발효 과정을 통해 만들어진 와인의 밸런스를 맞추는 과정으로 거친 신맛을 부드럽게 합니다. 와인의 종류에 따라 오크통이나 스테인리스 통을 사용합니다.

거르기(필터링) 숙성된 와인을 병입하기 전에 부유 물질을 거르는 과정으로 와인이 선명하고 깨끗해집니다.

병입 완성된 와인을 병입한 후 라벨을 붙여 출시합니다. 와인에 따라서는 병입 후에도 일정 기간 숙성시키기도 합니다.

179 레드 와인 제조 과정은 어떻게 되나요?

수확 – 제경 – 파쇄 – 발효 – 압착 – 숙성 – 거르기 – 병입

수확 잘 익은 적포도를 선별하여 수확합니다.

제경 수확된 포도송이에서 포도 알맹이를 분리하여 선별합니다. 그러나 지역과 와인의 스타일에 따라서 줄기를 제거하지 않는 경우도(보졸레 누보 등) 있습니다. 이는 일반적으로 줄기에 있는 타닌을 와인에 보충해주기 위한 조처입니다.

파쇄 포도 알맹이를 터뜨리는 과정입니다. 이렇게 하면 효모와 당의 결합이 수월해지므로 발효가 더욱 빨리 진행됩니다. 와인에 따라서는 이 과정을 생략하기도 합니다.(보졸레 누보 등)

발효 으깨진 포도를 발효통에 옮겨 발효시키는 과정으로 이 때 당분이 알코올로 변합니다. 레드 와인은 화이트 와인과는 다르게 껍질과 씨 등을 함께 발효시킵니다. 그래서 껍질에 있는 붉은색을 띠는 안토시아닌anthocyanin 색소를 침출하기 위해 일반적으로 고온발효(22~28℃)를 합니다. 이 과정을 진행하는 방식에 따라 와인의 색깔이 짙어지기도 하고, 로제 와인처럼 분홍색을 띠기도 합니다.

압착 발효된 와인을 껍질 등 찌꺼기와 분리하는 작업입니다. 여기서 압착 방법에 따라 두 가지 종류의 주스(포도즙)를 만들 수 있습니다. 첫째는 발효통에 인위적인 압력을 가하지 않고 자연스럽게 흘러나온 주스를 얻는데, 이것을 '프리런 주스free run juice'라고 합니다. 둘째는 프리런 주스가 다 빠지고 나서 껍질에 배어 있는 주스를 인위적인 힘을 가하여 얻는 '프레스드 주스pressed juice'입니다. 일반적으로 후자가 더 거친 와인을 만듭니다.

숙성 와인을 숙성통에 넣어 더욱 부드러운 스타일로 만드는 과정입니다. 와인의 스타일에 따라 스테인리스나 오크통 또는 오크칩을 넣어 숙성시키기도 합니다. 숙성 기간도 전혀 숙성을 시키지 않은 것부터 몇 년간 숙성한 것에 이르기까지 다양합니다.

거르기 와인을 깨끗하게 하는 작업으로 지역에 따라 전통적인 방법을 사용하기도 하지만, 요즘은 다양한 필터를 이용해서 와인을 걸러줍니다.

병입 완성된 와인을 원하는 사이즈의 병에 넣고 라벨을 붙여 상품으로 출시합니다. 스타일에 따라서 병입하고 나서 일정 기간 숙성시키기도 합니다.

Q180 로제 와인은 어떻게 만들어지나요?

로제 와인은 레드 와인 제조 과정과 동일하게 진행됩니다. 그러나 발효 중에 껍질에 있는 안토시아닌 색소가 침출되는 침용(마세라시옹 macération) 시간을 짧게 해서, 레드 와인보다 옅은 색을 냅니다. 이렇게 짧은 기간에 침용하기 때문에 붉은 색을 띠더라도 맛은 화이트 와인에 가깝습니다. 때로는 레드와 화이트를 섞어 로제 와인을 만들기도 합니다.

3. 샴페인(스파클링 와인) 제조 과정

Q181 샴페인은 어떤 와인을 말하나요?

샴페인은 프랑스 샹파뉴 champagne 지방에서 만드는 와인 중에서 전통적인 샴페인 제조 방식으로 만든 스파클링 와인을 말합니다. 샴페인은 스파클링 와인의 대명사로 쓰이지만 엄밀히 말해서 상표법의 보호를 받는 상품명의 하나입니다.

Q182 스파클링 와인은 다른 나라나 다른 지역에서 어떻게 부르나요?

스파클링 와인은 샴페인처럼 탄산가스가 많은 것(대부분 병 안에서 2차 발효가 이루어짐)과 탄산가스가 적은 약발포성 와인으로 나눌 수 있습니다. 여러 나라의 스파클링 와인의 이름은 다음과 같습니다.

	발포성 와인		약발포성 와인
프랑스	샴페인 / Champagne		
	크레망 / Crément(프랑스 샴페인 외 허락된 지역)		뱅 무스 / Vin mousse
이탈리아	스푸만테 / Spumante		프리잔테 / Frizzante
독일	젝트 / Sekt		펄 바인 / Perlwein
스페인	카바 / Cava(병내 2차 발효)		에스푸모조 / Espumoso
포르투갈	에스푸만테 / Espumante		
남아공	캡클라시크 / Cap classique		

이 외의 다른 나라에서는 보통 스파클링 와인으로 명명됩니다.

183 스파클링 와인은 어떤 것인가요?

앞서 설명했지만, 우리가 흔히 마시는 화이트 와인, 레드 와인, 로제 와인 등은 스틸 와인으로서 이것은 기포가 있는 스파클링 와인과 반대되는 개념입니다. 스파클링 와인은 와인에 탄산가스가 들어 있습니다.

184 스파클링 와인은 어떤 맛인가요?

일반적으로 스파클링 와인의 맛은 화이트 와인에 가깝습니다. 가볍고 신선해서 식전주 apéritif로 많이 애용하지만, 어떤 음식과도 잘 어울린다는 특징이 있지요. 스파클링 와인은 주로 파티에서 분위기를 띄우는 역할을 하는 멋진 와인입니다.

185 스파클링 와인에 탄산가스는 어느 정도 들어 있나요?

3기압 이하의 약발포성 와인에서부터, 5기압 이상의 샴페인에 이르기까지 와인의 종류에 따라 탄산가스 함유량은 다양

아버지의 예의

어제는 가족과 함께 이른 저녁을 함께 먹었습니다. 여러 사람을 초대한 제 생일 축하 자리였습니다. 아침에 아내와 아들은 마트에 다녀왔습니다. 아내는 새로 만들어 보는 메뉴를 선정하여 메모해 놓은 레시피를 보며 어설픈 조수 아들과 함께 요리를 준비했습니다.

어릴 적 아버지께서는 당신 생신 때가 되면 손님들을 맞이하시기 위해 집 주변을 청소하시고, 심지어 마구간까지도 깨끗이 치우셨습니다. 그러고는 제게 어떤 손님이 올 것인지를 알려주시고 어머니께 전하라고 하셨습니다. 그리고 어머니께서 만드신 막걸리를 마치 와인을 테이스팅하는 소믈리에처럼 먼저 맛보셨습니다.

아내와 아들이 주방에서 조잘대며 음식 만드는 소리가 평화롭게 들립니다. 이런 파티가 있는 날에는 예전에 아버지께서 하셨던 것과는 달리, 제가 할 일은 그리 많지 않습니다. 고작 음식의 간을 보거나 조금 도와주는 정도이지만, 어느덧 와인을 준비하는 것은 제 몫이 되었습니다. 그리고 와인을 선정하는 것은 제 큰 기쁨 가운데 하나입니다. 어제는 가벼운 음료를 골랐습니다. 마침 지인이 선물로 준 시드르Cidre가 있었습니다. 시드르는 사과로 만든 발효주로 알코올 도수가 낮고 신선하며 버블과 단맛이 있어 누구나 쉽게 마실 수 있습니다. 시중에서 쉽게 구할 수 있는 사이다의 원조가 이것입니다.

시드르를 시간에 맞추어 냉동실에 넣어 적당한 온도로 맞추어 놓았습니다. 손님들이 오시고 음식이 모두 준비되었습니다. 글라스를 세팅하고 모든 분에게 직접 한 잔씩 서비스했습니다. 축하받으며 건배했습니다. 그런데 이 시드르의 색깔이 짙은 골드색을 띠면서 버블이 전혀 느껴지지 않았습니다. 맛에서도 산화된 느낌이 강했습니다. 물론 이런 음료를 마셔도 몸에 이상이 생길 확률은 거의 없지만, 상했다는 것을 즉시 손님들에게 말씀드리고 잔을 회수했습니다.

와인을 손님에게 드리기 전에 테이스팅하는 것은 당연한 일입니다. 와인을 테이스팅하는 이유는 와인이 상했는지를 보기 위해서입니다. 그런데 그것을 수없이 가르치는 나 자신이 기본을 망각하고 접대를 하다니!

제가 어렸을 적 아버지께서는 절대 부엌에 들어가지 않으셨지만 손님을 모시는 특별한 날만큼은 예외적으로 부엌에 들어가셔서 직접 막걸리 맛을 확인하는 과정을 절대 거르지 않으셨습니다. 이것은 손님을 맞이하는 아버지만의 예의였습니다. 맛없는 막걸리를 손님에게 드릴수는 없죠. 언제나 기본을 망각해서는 안 됩니다.

아버지가 보고 싶습니다.

합니다. 물론, 기압이 높을수록 탄산가스 함유량이 많습니다. 자동차 타이어의 기압이 약 4기압 정도 된다고 하니 샴페인의 기압은 아주 높은 수준이지요.

Q 186 스파클링 와인을 만드는 방법은 어떤 것이 있나요?

스파클링 와인 제조법에는 대략 세 가지가 있습니다. 첫째는 병에서 2차 발효를 하는 샴페인 제조 방식으로 이것은 가장 고급스러운 스파클링 와인을 만들 때 사용됩니다. 둘째는 탱크 메소드tank method로서 2차 발효를 병이 아닌 큰 탱크에서 하는 방식입니다. 이렇게 하면 샴페인 제조방식보다는 병 속의 기압이 낮아집니다. 세 번째는 인위적으로 와인에 탄산을 넣어주는 방식으로 아주 저렴한 와인에 사용합니다.

Q 187 샴페인 제조 방법과 순서는 어떻게 되나요?

> 수확 – 제경, 압착 – 1차 발효 – 블렌딩 – 병입 – 2차 발효 – 숙성 – 찌꺼기 모으기 – 찌꺼기 제거 – 병 채우기 – 코르킹 – 라벨 붙이기

수확에서 1차 발효까지는 화이트 와인 제조 과정과 동일합니다.

블렌딩(Blending)-아쌍블라주(Assemblage) 여러 스타일의 와인을 혼합하여 원하는 와인을 만드는 과정입니다. 이 과정은 포도 품종의 블렌딩에서부터 빈티지의 블렌딩에 이르기까지 다양한 방법으로 이루어집니다. 그래서 샴페인은 넌 빈티지non vintage(특정한 해의 포도만을 사용하지 않고 여러 연도의

포도를 사용) 와인이 일반화되어 있습니다. 이런 와인의 라벨에는 빈티지가 적혀 있지 않습니다.

병입-티라주(Tirage) 블렌딩한 와인을 샴페인 병에 담습니다. 이 상태의 와인에는 알코올만 있기 때문에 탄산가스를 생성하기 위해 당과 효모를 함께 첨가합니다. 병입이 끝나면 지하 카브로 옮겨 병을 눕힌 상태로 저장합니다. 이때 쓰는 마개는 코르크가 아니라 크라운 캡입니다.

2차 발효-되지엠 페르망타시옹(Deuxième Fermentation)
1차 발효가 알코올을 생성하는 과정이었다면, 2차 발효는 탄산가스를 생성하는 과정입니다. 병입할 때 첨가한 당과 효모의 작용으로 병 속 와인에 다시 한 번 발효가 일어나면서 자연스럽게 탄산가스가 생성됩니다. 그 결과로 효모 찌꺼기도 와인 병에 남게 됩니다.

숙성-뮤리스망(Mûrissement) 지하 카브에서 2차 발효를 끝낸 샴페인들이 원하는 스타일로 완성될 때까지 계속 숙성시킵니다. 샴페인은 종류에 따라 대략 1년 반, 혹은 5년 이상 숙성시키기도 합니다.

찌꺼기 모으기-르뮈아주(Remuage) 2차 발효 과정에서 남겨진 찌꺼기(효모의 잔재물)를 병 입구 쪽으로 모으는 과정입니다. 이때 누운 상태에서 숙성되던 샴페인 병을 '퓨피트르 pupitre'라는 약 45도 각도의 A자형 틀에 거꾸로 끼웁니다. 그리고 일정 기간 병을 조금씩 돌려가며 찌꺼기가 병 입구 쪽으로 모이게 합니다. 요즘은 기계를 이용해서 이 과정에 소요되는 시간을 단축하기도 합니다.

찌꺼기 제거-데고르주망(Dégorgement) 병 입구에 모인 찌꺼기를 영하 20도 정도 소금물이나 냉동 기계에 넣어 순간적으로 얼립니다. 그러고 나서 얼린 샴페인 병의 마개를 순간적으로 오픈합니다. 그러면 언 찌꺼기가 탄산가스의 힘으로 병 밖으로 밀려 나와 샴페인이 깨끗해집니다.

병 채우기-도사주(Dosage) 찌꺼기를 제거한 샴페인은 양이 줄어들기 때문에 그만큼의 양을 다시 채워야 합니다. 이 과정을 통해 와인 제조자는 자신의 원하는 스타일의 샴페인을 완성할 수 있습니다. 스위트한 샴페인을 만들고 싶다면 단맛나는 액체를 넣습니다. 이 과정에서 당분의 함량에 따라서 'Extra Brut, Brut, Extra Dry, Demi Sec, Doux' 등의 다양한 스타일의 샴페인이 탄생합니다.

샴페인 스타일	당분함량(g/l)
Extra Brut(엑스트라 브뤼)	0~6
Brut(브뤼)	0~15
Extra Dry(엑스트라 드라이)	12~20
Dry(드라이)	17~35
Demi Sec(드미 섹)	35~53
Doux(두)	50~60

코르킹 완성된 샴페인을 코르크로 막고 철사로 안전하게 마무리한 다음, 라벨을 붙여 제품으로 출시합니다.

4. 포트와 셰리(주정강화 와인) 제조과정

Q188 주정강화 와인이란 무엇인가요?

영어로는 포티파이드 와인 fortified wine 이라고 하며, 와인에 주정(酒精: ethyl alcohol)을 첨가한 와인입니다. 첨가된 주정 때문에 알코올 함유량이 18%를 넘어 일반 와인(보통 13% 정도)보다 더 많은 알코올을 함유하고 있습니다.

Q189 주정강화 와인에는 어떤 것이 있나요?

대표적으로 포트 port와 셰리 sherry가 있습니다.

Q190 포트와 셰리의 맛은 어떤가요?

일반적으로 포트는 단맛이 나고, 셰리는 드라이합니다. 그래서 셰리는 식전주로, 포트는 식후주로 애용됩니다.

Q191 포트와 셰리의 제조과정은 어떻게 되나요?

일반적으로 레드 와인 제조 과정과 동일합니다. 다른 점이 있다면, 제조 과정에서 주정을 넣는다는 것입니다.

포트 제조 과정

수확 – 제경 – 파쇄 – 발효 – 주정 첨가(발효 중) – 압착 – 숙성 – 거르기 – 병입

셰리 제조 과정

수확 – 제경 – 압착 – 발효 – 주정 첨가(발효 완료 후) – 숙성 – 거르기 – 병입

Q192 **주정은 언제 첨가하나요?**

주정을 첨가하는 시점에 따라 와인의 맛이 결정됩니다. 발효가 완료된 상태에서 주정을 넣으면 드라이한 와인이 되고, 발효가 완료되기 전 아직 당분이 남아 있는 상태에서 주정을 넣으면 남아 있는 당분만큼 스위트한 와인이 됩니다. 일반적으로 셰리의 제조 방식은 전자에 해당하고, 포트는 후자에 해당합니다.

Q193 **포트와 셰리는 어떻게 마시나요?**

포트에는 세디먼트가 많아 대부분 디캔팅해야 합니다. 포트는 일반적으로 실온(18℃)에서 마시는 것이 좋습니다. 셰리는 포트와 달리 디캔팅이 필요하지 않습니다. 셰리는 실온에서 마시기도 하지만, 일반적으로 차게 해서 마십니다.

1. 테루아(terroir)

Q194 **'테루아'란 무엇인가요?**

테루아란 프랑스어로 '토양, 토질'을 의미합니다. 하지만 이 말에 내포된 의미는 훨씬 크고 넓습니다. 그래서 테루아를 한마디로 정의하기 어렵습니다. 테루아는 좋은 포도 농사를 짓기 위한 요소로서, 기후의 변화(天), 토양(地), 그리고 성실하고 열정적인 농부(人)를 포괄하는 의미입니다. 와인은 100% 포도로 만들어집니다. 그래서 포도의 상태에 따라 와인의 질이 결정되는 것이지요.

Q195 **기후(天)는 와인에 어떤 영향을 주나요?**

같은 지역에서 생산되어도 기후에 따라 다양한 스타일의 와인이 만들어집니다. 매년 기후가 똑같을 수는 없습니다. 이것은 빈티지와 관련이 있습니다. 포도는 성장하는 동안 많은 햇빛과 적당한 온도가 필요한데, 수확 시기에 내리는 비는 와인의 질을 저해하는 요인으로 작용합니다. 포도 껍질에 물이 묻으면 당분이 줄어들고, 그것은 와인의 알코올 함량과 직결됩니다. 당분이 알코올로 변환되므로 당분이 줄어들면 알코올 농도 역시 낮아집니다.

Q 196 척박한 땅에서 자란 포도나무가 좋은 와인을 만드는 이유는 무엇인가요?

수십 년, 수백 년을 사는 포도나무는 심한 가뭄에도 잘 견디지요. 포도나무가 이토록 오래 사는 이유는 뿌리가 땅속 깊숙이 박히기 때문입니다. 만약 토질이 수분을 충분히 포함하고 있다면 구태여 힘들게 뿌리를 깊이 내릴 필요가 없습니다. 얕은 뿌리로도 얼마든지 물을 구할 수 있으니까요. 척박한 땅이 포도나무의 뿌리를 땅속 깊이 내리게 합니다. 이렇게 뿌리가 깊은 포도나무는 다양한 영양분을 더 많이 섭취합니다. 척박한 환경이 강건한 포도나무를 만드는 것이죠.

Q 197 토양(地)에서 그 외에 중요한 요소로는 어떤 것이 있나요?

식물은 햇빛의 영향을 크게 받습니다. 그래서 최대한 햇빛을 많이 받는 위치에 있는 것이 좋습니다. 북향보다는 남향이, 평지보다는 경사가 진 곳이 좋지요. 지리상으로 강이나 호수를 끼고 있으면 더 좋습니다. 강은 낮에 뜨거운 햇빛을 받아 따뜻해지는데, 밤이 되면 그 따뜻한 기운을 밖으로 뿜어내어 포도밭의 온도를 따뜻하게 유지하는 역할을 하기 때문입니다.

와인 한 잔의 행복과 행운 – 테루아와 천·지·인(天地人)

우리나라에서 '와인'이라고 하면 고급스럽고 도시적인 이미지가 떠오릅니다. 하지만, 실제로 와인은 도시보다는 농촌 색채가 강한 문화적 산물입니다. 와인은 농촌에서 농부들의 손으로 빚어지기 때문입니다. 저는 와인을 생각할 때《신의 물방울》의 주인공 간자키 시즈쿠(がんざき しづく)의 날카로운 눈빛보다는 투박한 농부의 손이 먼저 떠오릅니다.

와인이 오랜 세월 인류의 사랑을 받아온 데에는 '다양성'이라는 문화적 특성이 배경으로 작용했던 것이 아닌가 싶습니다. 와인은 음식의 한 종류로 볼 수 있습니다. 음식 맛에는 정해진 답이 없죠. 예를 들어 매스컴에서 소개하는 유명 음식점에 가 봐도 그 맛에 자주 실망합니다. 그것은 매스컴의 잘못도 방문자의 잘못도 아닙니다. 왜냐면 사람마다 입맛이 다르기 때문이죠. 누구에게나 최고의 맛은 어릴 적 어머니가 만들어주신 음식 맛입니다. 책이나 인터넷을 통해 언제든지 자기가 원하는 음식의 레시피를 찾아볼 수 있지만, 소개된 레시피를 그대로 따라 한다고 해서 모두 똑같은 맛을 내는 것은 아닙니다. 여기에 바로 음식의 다양성이 있습니다.

와인의 다양성은 프랑스 와인, 이탈이아 와인, 미국 와인, 칠레 와인 등 국적의 차이만을 말하는 것이 아닙니다. 바로 테루아의 다양성을 의미합니다.

많은 것을 포괄하는 테루아의 다양성은 동양적 사고의 천(天), 지(地), 인(人)으로 표현할 수 있습니다.

첫째, 기후(天)에는 기온, 일조량, 위도, 강수량, 바람과 서리 등이 주요 요소로 작용합니다. 예컨대 포도의 생육 기간에 일조량이 충분하다면 포도에 당분이 충분히 생성되어 알코올 함량이 적당한 와인을 만들 수 있습니다. 충분한 강수량은 포도나무에 넉넉한 수분을 제공하지만, 너무 많으면 이롭지 않습니다. 특히 수확철에 비가 많이 오면 좋은 와인을 만들기 어렵죠. 이런 요소는 같은 지역이라도 매년 달라집니다. 포도를 수확한 해를 '빈티지vintage'라고 하는데, 같은 포도 품종, 같은 종류의 와인도 빈티지에 따라 맛은 물론 가격에서 큰 차이가 납니다.

햇빛이 잘 드는 포도밭 / 나파 밸리 BV 와이너리

캘리포니아 Moon Mountain Vineyard. 경사가 급한 와이너리는 배수도 좋고 햇빛을 충분히 받는다.

둘째, 토양(地)은 포도가 자라는 환경으로서 매우 중요한 작용을 합니다. 예컨대 포도가 좋아하는 토질은 기름진 땅이 아니라, 척박한 땅입니다. 좋은 와인을 만들어내는 포도송이는 땅속 깊이 뿌리를 내린 포도나무에서 영글어갑니다. 포도는 우리나라의 논처럼 진흙이 많은 땅을 좋아하지 않습니다. 진흙이 많으면 토질에 수분이 많아 포도나무 뿌리가 굳이 땅속 깊이 파고들어 갈 필요가 없습니다. 그에 비해 자갈 등 배수가 잘 되는 척박한 땅에서는 포도나무가 스스로 살아남기 위해 뿌리를 깊게 내립니다. 이렇게 깊이 뿌리 내린 포도나무는 땅속 깊은 곳에서 영양분을 빨아들여 아주 특색 있는 와인을 만들어냅니다.

마지막으로 사람(人)이 미치는 영향입니다. 농사에 기후와 토양이 매우 중요하다는 사실은 더 말할 나위 없습니다. 아무리 현대적인 공법(비닐하우스 등)을 이용하여 농사를 지어도 기후와 토양에 따라 소출에 차이가 나는 것은 어쩔 수 없는 일이죠. 하지만, 농사에서 사람의 역할은 매우 중요합니다. 사람은 포도가 좋아하는 땅을 고르고, 포도의 종을 선정하고, 기후에 따라 재배법을 달리하는 등 농사의 모든 과정을 주도합니다.

좋은 와인은 맛의 밸런스가 잘 맞추어진 와인입니다. 이런 밸런스를 만들어내기 위해, 기후와 토양과 포도나무가 서로 조화를 이루게 하는 것이 사람의 역할입니다. 포도 농사는 물론, 누가 어떻게 양조하느냐에 따라서 와인의 질은 크게 달라집니다. 이것은 같은 쌀을 가지고도 밥을 하는 사람에 따라 밥맛이 달라지는 것과 같다고 볼 수 있습니다.

세상에 나쁜 와인은 없습니다. 단지, 내 입맛에 맞지 않는 와인이 있을 뿐입니다. 내 입맛에 맞지 않는다고 해서 그것을 비난할 필요는 없죠. 모든 와인은 하늘과 땅, 그리고 사람의 땀방울이 만들어낸 선물입니다. 세상에 똑같은 와인은 없습니다. 오늘날은 다양한 생각이 다양하게 존중받는 시대입니다. 지금 당신 앞에 놓여 있는 와인 한 잔은 오직 당신만을 위해서 몇 천 년을 기다려왔습니다. 이것이 바로 테루아의 진정한 의미가 아닐까요? 당신의 글라스에 항상 와인이 차 있기를 기원합니다.

q198 **테루아에서 사람(人)은 어떤 영향을 미치나요?**

사람의 성실성과 열정은 테루아의 부족한 부분을 채우고, 넘치는 부분을 덜어줍니다. 농부의 손길은 일 년 내내 멈추지 않고 마치 아기를 키우는 듯한 정성으로 포도나무를 돌봅니다. 와인을 양조하는 과정에서도 그 정성과 관심은 계속됩니다. 와인은 가장 순수한 자연의 산물이지만, 농부의 손을 거치면서 하나의 예술품으로 탄생하는 것입니다.

q199 **좋은 테루아의 와인은 어떤 것을 말하나요?**

정체성, 다시 말해 아이덴티티identity가 있는 와인을 말합니다. 프랑스 와인은 프랑스 와인다워야 하고 칠레 와인은 칠레 와인다워야 합니다. 과학이 발달하면서 와인 양조에도 인간의 기술이 더욱 많이 적용되고 있습니다. 하지만 사람의 힘이 지나치게 개입하지 않으면서 그 지역의 자연을 담아낸 와인이야말로 좋은 테루아의 와인이라고 할 수 있습니다. 결국은 천지인(天地人)의 조화가 잘 어우러진 와인이 좋은 와인인 셈이지요.

세상에는 두 종류의 와인이 있습니다. '어디서나 만들 수 있는 와인'과 '어디에서 만들어진 듯한 와인'. 테루아에 충실한 와인은 후자에 해당할 겁니다.

2. 포도의 종류

의200 포도 종류는 몇 가지나 되나요?

세계적으로 약 8,000여 종의 포도가 있다고 합니다. 이들 중 양조용으로 쓰이는 것은 약 10%입니다. 그 나머지는 생식용과 가공식품용(건포도, 통조림, 주스 등)으로 사용됩니다.

의201 '양조용'이란 어떤 용도를 말하는 것인가요?

양조용은 말 그대로 술을 만드는 용도, 즉 와인을 만들기 위한 포도를 말합니다. 일반적으로 양조용 포도는 식용 포도보다 당분 함량이 높고 알맹이가 작으며 씨가 굵습니다. 양조용 포도는 유럽종(비티스 비니페라 vitis vinifera)이 대부분을 차지합니다.

의202 식용 포도로는 와인을 만들지 못하나요?

양조용 포도는 식용 포도보다 껍질이 두껍고 씨가 큽니다. 적포도 껍질에는 레드 와인의 붉은색을 내는 안토시아닌 색소가 포함되어 있습니다. 씨에는 와인의 힘이 되는 타닌과 폴리페놀 등이 많이 함유되어 있죠. 따라서 그런 성분이 상대적으로 적은 식용 포도로 와인을 만들면 색이 옅고 타닌이 약해 와인이 가볍고 오랜 기간 숙성시키기에 부적합합니다.

의203 포도는 어떻게 구성되어 있고, 각각의 부위에 어떤 성분이 들어 있나요?

포도는 크게 열매 꼭지, 껍질, 과육 그리고 씨로 구성되어 있습니다. 각 구성 부위의 주요 성분을 보면 다음과 같습니다.

	당	산	폴리페놀
열매 꼭지			22%
과육	100%	100%	
껍질			13%
씨			65%

물론, 포도에서 가장 많은 부분을 차지하는 것은 수분(85% 이상)입니다. 그 외에도 유기산, 비타민, 미네랄, 질소 화합물 등 각종 무기질 성분이 포함되어 있습니다.

Q 204 주요 포도 품종에는 어떤 것이 있나요?

먼저 적포도 black grape 에는 카베르네 소비뇽, 메를로, 피노누아, 시라, 말벡, 가메 등이 있습니다. 화이트 와인을 만드는 품종에는 샤르도네, 소비뇽 블랑, 세미용, 리슬링, 무스카데 등이 유명합니다.

3. 레드 와인 포도 품종

카베르네 소비뇽(Cabernet Sauvignon)

'까쇼'라는 애칭으로 불리는 이 포도는 껍질이 두껍고 씨앗이 큽니다. 레드 와인에서 포도의 껍질과 씨앗은 와인의 힘과 관련이 있습니다. 타닌이 많이 함유된 껍질과 씨는 오래 숙성시킬 수 있는 힘이 있는 와인을 만들어내죠. 까쇼는 적응력과 성장력이 강해 '포도의 왕'이라 불리며, 원산지는 프랑스 보르도지만 전 세계 어디에서나 쉽게 찾아볼 수 있습니다. 까쇼는 파워풀하고 타닌이 강한 맛을 자랑합니다. 단일 포도로도 와인을 만들지만 주로 메를로와 블렌딩합니다. 이 포도 품종의 와인은 점심보다는 저녁에, 여자보다는 남자에게 어울리며, 호탕한 스타일의 사람들이 선호하는 편입니다. 보르도 메독 지역의 1등급 와인들은 이 품종을 메인으로 블렌딩합니다.

메를로(Merlot)

까쇼와 함께 보르도의 대표적인 포도 품종입니다. 까쇼가 자갈이 많은 거친 땅을 선호하는 반면, 메를로는 진흙 토양을 좋아하는 포도로, 우아하고 섬세한 와인을 만듭니다. 단일 품종으로도 와인을 만들지만, 흔히 까쇼와 블렌딩합니다. 메를로는 조생종으로 까쇼보다 조금 일찍 수확합니다. 까쇼와 블렌딩하는 이유는 서로 상반된 특징을 지니고 있기 때문이죠. 그 특징을 살펴보면 다음과 같습니다.

Cabernet Sauvignon	포도 종류	Merlot
↓	당분	↑
↑	타닌	↓
↓	알코올	↑
늦게 됨	숙성	빨리 됨
자갈 땅	선호하는 토질	진흙
만생종(늦게 수확)	수확기	조생종(일찍 수확)

(↑많음 ↓적음)

위의 특징 때문에 두 포도를 블렌딩하면 상호 보완하는 효과 덕분에 더 조화로운 와인이 만들어집니다. 메를로는 과일향이 풍부하고 많이 숙성되지 않은 상태에서 마실 수 있어 재배 면적이 늘어나는 추세입니다. 메를로로 양조한 대표적인 와인으로는 샤토 페트루스Château Petrus와 샤토 오존Château Auzone 등이 있습니다. 메를로는 당분이 높아서, 와인을 만들면 알코올 함량이 높아집니다. 따라서 높은 알코올과 과일향이 풍부한 와인을 선호하는 분들께 어울립니다.

피노누아(Pinot Noir)

'피노'라고도 부릅니다. 너무 진하지 않은 예쁜 빛깔로 이 포도를 금세 식별할 수 있습니다. 이 품종은 민감하고 까다로운 성격을 지녔습니다. 농부들이 심혈을 기울여야 제대로 된 포도를 만들 수 있습니다. 일반 레드 와인용 포도가 더운 지역을 선호하는 반면, 피노누아는 서늘한 지역을 선호합니다. 껍질이 얇아 와인의 색깔이 진하지 않고 타닌도 그리 많지 않아 깔끔한 맛을 자랑합니다. 프랑스 부르고뉴 지역의 전통적인 품종으로 현재에도 부르고뉴에서는 피노누아로 다양한 스타일의 와인을 만들고 있습니다. 피노누아는 샴페인을 만드는 품종으로도 중요한 역할을 합니다. 이 품종에 관한 평가는 호불호(好不好)가 명확합니다. 일반적으로 까쇼처럼 타닌이 강한 와인을 선호하는 사람들은 이 와인이 '싱겁다'고 느낍니다. 반면에 이 와인을 좋아하는 사람들은 피노누아의 섬세함에 빠집니다. 이 포도는 블렌딩하지 않고 단일 품종으로 와인을 만듭니다. 하지만 단일 품종이라고 맛이 단순하지만은 않습니다. 특히 와인 메이커에 따라 각기 다른 특징을 보여줍니다. 저 유명한 로마네콩티Romanée-Conti를 비롯하여 부르고뉴와 미국 오레곤 주, 뉴질랜드 등의 산지에서 특징 있는 피노누아 와인이 생산됩니다. 피노는 자기주장이 강한 사람들에게 추천하면 좋습니다.

시라/쉬라즈(Syrah/Shiraz)

원산지는 오늘날의 이란, 옛 페르시아의 쉬라즈Shiraz라는 곳입니다. 프랑스에서는 '시라Syrah'라고 불리지만 오스트레일리아에서는 '쉬라즈'라고 불립니다. 시라는 서리와 추위에 강하고 척박한 땅에서도 뿌리를 잘 내려 강한 생명력을 자랑합니다. 이런 이유로 여러 지역에서 재배 면적을 넓혀가고 있습니다. 시라는 색이 진해 몇 잔을 마시면 치아가 검게 착색되기도 합니다. 따라서 낮에 마시기에는 조금 부담스러울 수 있습니다. 신선한 과일향과 민트, 스파이시한 맛 등이 특징이며, 산뜻한 신맛과 강하면서도 감칠맛 나는 타닌의 조화가 특색 있습니다. 특히, 강한 첫맛은 자극적인 맛에 길들여 있는 한국 사람들에게 매력적으로 느껴집니다. 소주처럼 강한 술이나 맵고 짠 음식을 선호하는 분들과 함께 드셔보세요.

말벡(Malbec)

아르헨티나 와인이 많이 수입되면서 인기를 끌고 있는 품종입니다. 이것 역시 유럽종으로 예전에는 보르도 지역에서 많이 재배했으나, 지금은 보르도에서 블렌딩 품종으로 명맥을 유지하고 있습니다. 그러나 보르도 남쪽에 있는 프랑스 서남부의 카오르Cahor 지역에서는 말벡을 사용하여 오래전부터 훌륭한 와인을 만들고 있습니다. 말벡은 껍질이 두껍고 진한 색을 띱니다. 그래서 일명 '블랙 와인black wine'으로 불리기도 합니다. 따라서 점심때에는 피하시는 것이 좋은데, 치아가 착색되어 별로 좋지 못한 모습을 보일 수 있기 때문이죠. 말벡은 폴리페놀 성분이 많아 건강에 좋은 것으로도 유명하며, 타닌이 부드러워 고기류의 한식 요리와도 탁월한 조화를 보여줍니다.

가메(Gamay)

와인에서 화려한 꽃밭이 펼쳐진 듯한 꽃향기가 난다면 바로 이 품종입니다. 화이트 와인 같은 레드 와인으로 가메는 가볍고 신선하고 발랄해서 항상 즐거운 기분을 선사하는 품종입니다. 실제로 다른 레드 와인보다 차게 마시기도 하는데, 화이트 와인처럼 차갑게 마시는 보졸레 누보로 유명합니다. 가메는 껍질이 얇아 색이 옅으며 장기 숙성용으로는 적당하지 않고, 신선할 때 마시면 좋습니다. 가메 와인은 과일향과 꽃향 등의 아로마가 특징이며 가벼운 음식과 잘 어울립니다. 이 와인을 마시고 만족을 느끼는 사람이 있다면 그 사람은 와인의 섬세한 풍취를 감식하고 즐길 줄 아는, 대단한 내공의 소유자일 확률이 큽니다.

4. 화이트 와인 포도 품종

샤르도네(Chardonnay)

격식이 있는 자리에서는 샤르도네를 외치세요. 화이트 와인의 대명사처럼 불릴 정도로 인기가 많은, 세계에서 가장 많이 재배되는 청포도 품종입니다. 일반적으로 레드 와인이 남성적이고 화이트 와인이 여성적이라고 한다면, 레드 와인의 왕은 카베르네 소비뇽, 화이트 와인의 여왕은 샤르도네가 될 것입니다. 샤르도네는 대부분 오크통에서 숙성시키며 옅은 노란색을 띠고 풍부한 과일향과 바닐라 향을 냅니다. 맛은 드라이하며 여운이 오래 남습니다. 프랑스 샤블리Chablis 지역에서 나오는 와인은 100% 샤르도네로 만들고, 부르고뉴에서도 대표적인 화이트 품종으로 사용합니다. 샴페인 지역에서도 '블랑 드 블랑blanc de blancs(100% 화이트 품종으로 만든 와인)'을 만드는 고급 포도 품종으로 알려져 있습니다. 특히 생선 요리나 가금류, 또는 돼지고기 요리와 아주 잘 어울립니다.

소비뇽 블랑(Sauvignon Blanc)

이 품종의 와인을 더운 계절이나 가벼운 파티에 시원하게 해서 내놓아 보세요. 샤르도네가 비즈니스 장소에 적당하다면, 소비뇽 블랑은 사교모임에 어울리는 화이트 품종입니다. 이것은 일반적으로 오크통에서 숙성시키지 않아 그린 빛을 내며 신맛이 강한 시트러스 계열의 과일향이 풍부합니다. 신맛이 강해 아주 신선하게 마실 수 있는 와인이죠. 프랑스 르와르Loire 지역의 상세르sancerre와 푸이 퓌메pouilly-fumé 와인을 이 품종으로 만드는데, 우리에게도 낯설지 않은 와인입니다. 르와르와 캘리포니아에서는 '퓌메블랑fumé blanc'으로 불리기도 합니다. 한편, 화이트 와인의 신흥 강국으로 부상 중인 뉴질랜드의 대표 품종으로 세계적으로 알려졌습니다. 이 와인은 여름철에 마시기 좋고 특히 야외로 소풍을 갈 때 간단한 음식과 함께 마시면 더욱 좋습니다. 처음 와인을 접하는 사람도 쉽게 즐길 수 있는 와인입니다.

213 세미용(Semillon)

신맛이 강한 와인을 싫어하시는 분에게 좋습니다. 세미용은 세계에서 가장 비싼 와인 중 하나인 샤토 디켐Château d'Yquem을 만드는 포도 품종입니다. 샤토 디켐은 프랑스 보르도의 소테른Sauternes 지역에서 만들어지는 와인으로 스위트한 맛이 납니다. 이 포도는 껍질이 얇아 귀부병noble rot(보트리티스 시네리아)을 이용하여 스위트한 와인을 만드는 데 좋은 조건을 갖추고 있습니다. 세미용은 단맛이 강하고 신맛이 적기 때문에, 신맛을 살려주기 위해 소비뇽 블랑이나 무스카데 등과 함께 블렌딩하기도 합니다. 이 포도로 만든 스위트 와인은 거위간 요리나 달콤한 디저트와 좋은 매칭을 이룹니다. 한편, 이 품종으로 만든 드라이한 와인은 생선 등 가벼운 음식과 잘 어울립니다.

214 리슬링(Riesling)

와인을 처음 접하시는 분들께 안성맞춤입니다. 리슬링은 편안한 느낌의 와인을 만듭니다. 예전에 한 번쯤은 마셔본 듯한 느낌이 들죠. 리슬링은 우리나라 사람이면 한두 번은 맛

보았을 우리나라 브랜드 마주앙 스페셜이나 마주앙 모젤을 만드는 품종이기 때문입니다. 이 포도는 독일에서 많이 재배하고 프랑스 알자스 지역에서도 좋은 리슬링 와인이 생산됩니다. 독일에서는 일반적으로 스위트한 와인을, 알자스에서는 드라이한 와인을 선보이고 있습니다.

무스카데(Muscadet)

점심 테라스에서 가벼운 식사를 하실 때 좋습니다. 아주 경쾌한 와인을 만드는 품종입니다. 단맛과 신맛이 발랄한 조화를 이루며 매혹적이고 풍부한 과일향을 자랑합니다. 알코올 도수가 비교적 낮아 술을 잘 하지 못하는 사람도 마실 수 있습니다. 알코올 도수가 낮으면서 동시에 기포가 들어간 스파클링 와인도 있어 파티용으로도 잘 어울립니다.

우리나라에서도 많이 마시는 모스카토 다스티 Moscato d'Asti를 만드는 품종입니다.

3. 라벨 읽기

1. 라벨로 알 수 있는 것

q216 **와인 라벨에는 어떤 것들이 표기되나요?**

라벨은 기본적으로 그 와인에 대한 '신상 정보'를 담고 있습니다. 와인이 언제(빈티지), 어디서(지역) 태어나고 어떤 혈통(품종)이며, 사이즈(용량)와 알코올 도수 등이 표기됩니다. 가끔 맛에 관한 직접적인 정보(드라이 또는 스위트 등)도 들어가 있습니다. 이런 정보는 각국의 법규에 따라 규제되므로 나라마다 조금씩 다를 수 있습니다.

q217 **와인 라벨을 읽어보면 너무 복잡합니다. 왜 그렇죠?**

물론, 그렇게 보일 수 있습니다. 우리 말이 아닌 각국의 언어로 표시되었기에 더 어렵게 느껴질 수도 있습니다. 그러나 내용을 보면 우리나라 소주 라벨과 크게 다르지 않습니다.

소주 라벨을 한번 살펴볼까요? 우선, 커다란 상표명(처음처럼)이 보이지요? 그다음 작은 글씨로 술의 종류(희석식 소주)가 적혀 있습니다. 그 외에도 회사 주소지, 알코올 도수(19.5%), 용량(360ml), 첨가물, 거기에 과다한 음주에 대한 경고문까지 기재되어 있어요. 이 방식은 우리나라 법률에 근거한 의무 표시 사항입니다. 와인 라벨도 이와 비슷한 내용을 담고 있습니다. 일반적인 표시 방법만 안다면 그렇게 어려운 것도 아니랍니다. 두려워 말고 찬찬히 읽어 보세요. 병 뒷면에 있는 한국어로 된 백 라벨을 참조해도 좋습니다.

	소주	와인
상표명(이름)	처음처럼	샤토 마뇰 Château Magnol
술의 종류	희석식 소주(稀釋式 燒酒)	레드 와인 Red Wine
회사명	(주) 두산	B & G Barton & Guestier
생산지 주소	강릉시 회산동	오 메독 Haut-Medoc AOC Appellation Haut-Medoc Controlée
알코올 도수	19.5%	13%

218 라벨에 기재된 연도는 무엇을 의미하나요?

이것을 '빈티지'라고 합니다. 이 빈티지는 와인을 병입한 해가 아니라, 포도를 수확한 해를 의미합니다. 와인은 100% 포도로 만들어지므로 포도의 작황이 아주 중요하고, 이에 따라 와인의 맛은 물론 가격에도 큰 차이가 납니다. 라벨에 2006년으로 표시되어 있다면 100%(나라에 따라 90%~100%까지 약간의 차이가 있음) 2006년에 수확된 포도로 만든 와인이라는 뜻입니다.

219 빈티지가 없는 와인도 있습니다. 가짜 와인은 아니겠죠?

가끔 와인 라벨에 빈티지가 기재되어 있지 않은 것을 발견할 수 있습니다. 그 나라 또는 지역에서 규정하는 빈티지 관련 요건을 충족하지 못하면 빈티지를 표시하지 않습니다. 대부분 저렴한 와인에 해당하지만 그렇지 않은 경우도 있습니다. 샴페인이 그 대표적인 예입니다. 샴페인은 하우스에 따라 추구하는 맛의 캐릭터가 있습니다. 그래서 매년 똑같은 샴페인을 만들기 위해 여러 해의 빈티지를 섞어서 만들게 됩니다. 샴페인은 넌 빈티지 non vintage 가 대부분을 차지합니다.

220 와인 병 뒷면에 있는 한글로 된 라벨은 무엇인가요?

이것을 백 라벨 back label 이라고 합니다. 각국의 언어로 표기된 앞면 라벨이 와인을 만든 국가의 법률이 정한 내용을 담고 있다면, 백 라벨은 수입국의 법률에 따라 기재하도록 되어 있습니다. 물론, 이 와인에 대한 자국 소비자들의 이해를 돕기 위한 목적에서 비롯된 것이죠. 와인 라벨을 이해하기 어려울 때에는 이 백 라벨이 도움이 됩니다. 우리나라는 '주세법 및

식품위생법에 의한 한글 표시 사항'의 규제를 받습니다.

Q 221 라벨에 '가정용'(음식점 주점 판매 불가)이라고 표시되어 있는데 이 와인은 레스토랑에서 판매하는 것과 다른가요?

똑같은 와인입니다. 다만, 세금 체계가 다르게 적용되기 때문에 그렇게 표시되어 있을 뿐이지요. 일반 상점에서 살 수 있는 와인에는 '가정용'이라는 표시가 있고, 레스토랑에서 판매하는 와인에는 이런 표시가 없습니다. 만약 레스토랑에서 '가정용' 표시가 있는 와인을 판매한다면 그것은 불법입니다. 일반 식당에서 소주나 맥주 등의 주류를 할인점 등에서 구입하여 판매하는 것이 불법인 것과 같습니다. 우리나라 매장에서 유통되는 모든 술(전통주 제외)에는 위의 소주 라벨에서 보는 것과 같이 라벨에 '가정용'이라고 표기되어 있습니다.

Q 222 라벨에 '이산화황 함유' 라고 표시되어 있는데, 마셔도 괜찮은가요?

이 이산화황(SO_2)은 산화 방지를 목적으로 소량 첨가됩니다. 아주 극소량이 와인의 발효 과정에서 자연적으로 생성되기도 합니다. 이산화황은 나라별로 허용 수치가 따로 정해져 있습니다. 우리나라에서는 와인을 수입할 때 검역을 통해 이산화황 수치를 검사하며, 일정 수치가 넘는 와인에 대해서는 수입을 제한하고 있습니다. 이산화황의 양이 너무 많으면 문제가 될 수 있지만, 건강에 해를 끼칠 만한 양은 아니어서 마음 편히 와인을 즐기셔도 됩니다. 물론, 이산화황에 알레르기가 있다면 문제가 될 수 있겠죠?

와인과 라벨

와인을 즐기는 방법의 하나로 와인 라벨 수집이 있습니다. 자기가 마신 와인 라벨을 마신 날짜와 테이스팅 노트 등과 함께 보존해 두면 세상에 하나밖에 없는 자신만의 와인 북이자 와인과 함께한 훌륭한 추억록이 됩니다. 특히, 와인과 관련된 일을 하는 소믈리에는 물론이고 와인에 전문적인 관심 있는 사람에게는 반드시 거쳐야 하는 과정이기도 합니다. 라벨에는 그 와인에 관한 많은 정보가 표시되어 있습니다. 물론, 초보자들에게는 이런 정보가 난해한 암호보다도 더 어렵게 느껴지기도 합니다. 와인 라벨을 읽는 것은 어찌 보면 사람의 관상을 보는 것과 같은 일입니다. 외모를 보면 그 사람의 성격과 살아온 여정을 알 수 있다고 하잖아요. 하지만 이것은 수많은 경험을 통해 얻게 되는 능력이죠. 와인 라벨도 자주 접하다 보면 자신도 모르는 사이에 와인의 '관상'을 보는 능력이 길러집니다.

제가 와인 공부를 시작한 지 얼마 되지 않았을 때 선배의 추천을 받아 와인 라벨 수집에 집착했던 적이 있었습니다. 수집한 라벨의 양으로 와인에 대한 지식 수준을 뽐내던, 치기 어린 시절이었죠. 당시 우리에게 가장 인기 있었던 라벨은 샤토 무통 로쉴드였습니다. 일반적으로 와인 라벨은 와이너리와 와인의 전통을 강조하려고 디자인을 쉽사리 변경하지 않습니다. 그래서 매년 똑같은 디자인의 라벨을 보게 되죠. 하지만 샤토 무통 로쉴드는 해마다 라벨의 그림이 달라지기에 새로운 라벨을 보는 것만으로도 충분한 재미를 느낄 수 있습니다. 이 와이너리에서는 매년 유명 화가에게 의뢰해서 라벨을 제작하는 것으로 유명한데, 지금까지 라벨을 그린 화가 중에는 미로, 피카소, 샤갈, 콕도, 앤디 워홀, 마더윌, 존 휴스턴 등 기라성 같은 대가들이 포함되어 있습니다 이러한 라벨의 특이성 덕분에 더욱더 무통 로쉴드는 전 세계 와인 애호가들이 열광하는 수집 대상이 됩니다. 이 와인은 1855년 메독 지역의 와인 등급이 정해졌을 때 2등급을 받았는데 1973년에 이르러 1등급으로 승격했습니다. 이것은 메독 지역에서 등급이 변경된 유일한 사례로서, 샤토 무통 로쉴드는 매우 높은 가격에 거래되는 고급 와인입니다.

한번은 이 와인 때문에 서비스맨으로서 절대로 용납될 수 없는 실수를 저지르고 말았습니다. 당시는 제가 와인 공부에 열정을 뿜어내던 시기였습니다(솔직히 말하면 와인 라벨 모으는 데 혈안이 되었던 시기로, 수집한 라벨이 2,000장이 넘었습니다).
그즈음, 한 손님이 사업상 중요한 고객을 접대하는 자리에서 와인을 선물한 적이 있었습니다. 그분은 미국 출장길에서 자신이 직접 사온 것이라면서 아주 정성스럽게 와인 한 병을 고객에게 드렸고, 고객은 그것이 바로 샤토 무통 로쉴드 1993년 빈티지라는 사실을 알자, 떨 듯이 기뻐했습니다. 그리고 서비스하던 저에게도 신이 나서 자랑했습니다. 그러나 그 와인을 보는 순간, 저도 모르게 '가짜 와인…'이라는 엄청난 말이 튀어나왔습니다(지금이라도 할 수만 있다면 제 인생에서 그 대목을 완전히 지워버리고 싶습니다). 아뿔싸…. 그리고 어쩔 수 없이 제가 가지고 있는 진짜(?) 샤토 무통 로쉴드 1993년 빈티지 와인 라벨을 보여드렸습니다. 다행히 소믈리에 선배님이 오셔서 똑같은 와인이지만 라벨이 다른 이유를 설명하고, 두 개가 모두 진품임을 입증해주셨습니다. 제 방정맞은 입이 오히려 그 와인을 돋보이게 한 전화위복이 되었지만, 지금 생각해도 등골이 오싹해지는 사건이었습니다.

1993년 무통 로쉴드의 라벨은 프랑스 화가 벨두스^{Balthus}가 디자인했는데, 그는 알몸으로 누워 있는 요정의 모습을 삽입했습니다. 그런데 미국 ATF(주류·담배·화기 단속국, Bureau of Alcohol, Tobacco, Firearms and Explosives)에서는 이 그림의 모델이 미성년자라는 이유로 다른 그림으로 대체하라는 명령을 내렸습니다. 그러나 무통 로쉴드 쪽에서는 그것이 예술을 이해하지 못하는 처사라고 반박하면서 그해 미국에 수출하는 와인 라벨에는 그림을 넣지 않았습니다. 그렇게 해서 1993년 빈티지 중에서 미국에 수출된 와인과 다른 나라에서 판매된 와인의 라벨이 서로 달랐던 것입니다. 이런 이유로 그해 샤토 무통 로쉴드는 수집가 사이에서 더욱 인기가 높았다고 합니다.
그래서 저는 그때부터 '와인의 라벨을 즐기되 절대 그것(겉모습)으로 와인을 판단하지 말라'라는 저만의 격언을 가슴속에 되새기게 되었습니다. 마치 사

람을 외모로 판단해서는 안 되는 것처럼 말입니다.

그처럼 잊고 싶은 추억을 남긴 와인 라벨이 있는가 하면 제게 새로운 가족을 만들어준 와인도 있습니다. 초보 웨이터 시절 -웨이터도 직급이 다양합니다. 저는 당시에 음식을 주방에서 홀까지 운반만 하는 버스보이busboy 직책으로 최하위급이었습니다- 처음으로 고객에게 주문을 받아볼 기회가 생겼습니다. 그때 제가 모시게 된 분들은 일본인 가족으로 장년 부부와 함께 결혼한 두 명의 딸이 테이블에 앉아 있었습니다. 저로서는 처음 주문을 받는 테이블인 데다 고객이 외국인이었으니 가슴이 설레면서도 무척 긴장되는 순간이었습니다. 식사 주문을 받고 와인을 추천하는 순서가 되었습니다. 그런데 저는 와인에 대해 거의 무지한 상태에서 제가 마셔본 와인 중에서 아주 맛있다고 느꼈던 캘리포니아산 BV Beaulieu Vineyard 화이트 와인을 추천했습니다. 그랬더니 두 부부는 만족한 미소를 지으면서 저의 추천을 따르셨습니다. 그리고는 제게도 와인을 한잔 주시면서 BV 와인에 관한 이야기를 들려주셨습니다.

1900년 5월, 20세기가 막 시작할 즈음 프랑스인 조르주 드 라투르George de La Tour와 그의 부인 페르낭드Fernande가 캘리포니아 나파 밸리Napa Valley 최고의 포도밭인 루더포드Rutherford에 있는 4에이커의 땅을 구입하려 했을 때 부인 페르낭드는 그 땅을 보자마자, "켈 보 리외!Quel beau lieu! (얼마나 아름다운 곳인가)"라고 외쳤다고 합니다. 그래서 남편 조르주는 와이너리의 이름을 '보리우 빈야드Beaulieu Vineyard (프랑스어의 영어식 발음)'라고 붙임으로써 부인에 대한 사랑을 표시했다는 이야기가 전해집니다. 남편

이 먼저 세상을 떠나자 페르낭드는 그에 대한 사랑을 영원히 기리고자 그들 부부가 만든 최고의 와인에 '조르주 드 라투르'라는 남편의 이름을 붙였습니다. 이것이 바로 캘리포니아 최초의 리저브 와인이자, 세계적으로 유명한 기념비적 와인, 조르주 드 라투르 프라이비트 리저브Georges de La Tour Private Reserve입니다. 부부간의 애틋한 사랑이 와인의 이름으로 남은, 가족애의 상징이기도 한 와인입니다. 참으로 아름다운 일화가 아닙니까?

달아난 여인, 도나푸가타

더운 여름이면 몇 년 전 찾았던 이탈리아 지중해의 날씨가 잊히지 않습니다.
내리쬐는 햇볕을 피해 그늘에만 들어가도 시원함을 느끼던 그 날씨가 그렇게 좋았습니다. 그런 날씨를 즐기며 우리는 그늘진 야외 카페에서 도나푸가타 Donnafugata 와인을 홀짝였습니다. 사실, 와인보다는 와인 라벨의 그림을 음미하고 있었다는 편이 맞을 것 같습니다.

도나푸가타는 시칠리아에서 가장 부유한 지역인 카타니아에서 서쪽으로 약 100km 떨어진 곳에 있습니다. 전설처럼 들리는 이야기로는 이곳 성주가 프랑스 여인을 아내로 맞았는데, 전원 삶의 지루함을 견디지 못하고 도망하여 이 지역 이름이 그렇게 붙었다고 합니다. '도나푸가타'의 문자 그대로의 의미가 '달아난 여인'이니, 그런 전설이 들릴 만도 합니다. 그런가 하면, 도나푸가타는 중의적으로 '피난처의 여인'이라는 의미로 해석될 수도 있는데, 이것은 19세기 나폴리의 왕이었던 페르디난도 Ferdinando 4세의 아내, 마리아 카롤리나 Maria Carolina 에서 유래한다고 전해집니다. 낭만주의의 상징과도 같았던 마리아 카롤리나는 나폴레옹의 군대를 피해 시칠리아로 피난을 왔고, 그녀가 머물던 건물이 오늘날 도나푸가타 와이너리가 되었다는 것이지요.

시칠리아 최고의 와이너리로 평가받는 도나푸가타는 150년 이상의 전통을 자랑하는 유서 깊은 가족 회사로, 기록에 의하면 도나푸가타의 포도밭은 기원전 4세기부터 존속했다고 합니다.

이 와이너리에서 나오는 와인에는 한결같이 마리아의 모습이 형상화되어 있습니다. 이 와인을 보면 멀리 떠나와 낯선 곳에서 살아가던 마리아의 고독과 여유를 함께 느낄 수 있죠.

더운 여름날 자유로운 여행을 꿈꾼다면, 도나푸가타를 만나보세요.

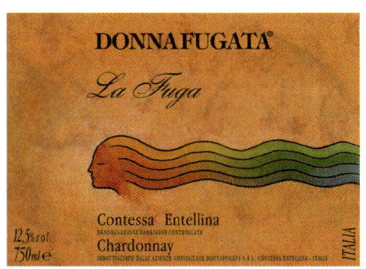

Q223 와인 라벨을 쉽게 떼는 방법이 있나요?

취미로 와인 라벨을 모으는 사람을 '빈티툴리스트vintitulist'라고 합니다. 와인 라벨을 모으고 싶은데 병에서 라벨이 잘 떨어지지 않아 애를 먹는 사람이 많은 것 같습니다. 물에 불려도 깨끗하게 떼어내기가 쉽지 않기 때문입니다. 라벨을 깨끗이 떼는 방법은 투명 접착지를 이용하는 것입니다. '와인 라벨러'라고 상품화되어 판매되고 있으나 너무 비싼 것이 흠입니다. 따라서 문구점에서 저렴하게 구입할 수 있는 '아스테이지'라는 투명 접착 시트지를 사용하면 좋습니다. 미리 라벨의 크기에 맞게 잘라서 보관해두시면 편리합니다(사진 ①).

우선, 시트지를 깨끗이 닦은 와인 병의 라벨에 공기가 들어가지 않게 한쪽부터 천천히 밀착하면서 붙입니다. 이때 부드러운 코르크를 사용하면 좋습니다. 그리고 딱딱한 펜이나 나무 등을 이용하여 문지르면서 더욱 강하게 접착합니다(사진 ②). 그리고 병에 따뜻한 물을 채우거나 헤어드라이어를 이용해서 라벨에 열을 가합니다. 이렇게 하면 라벨을 접착했던 접착제가 이완됩니다. 시트지를 떼기 전에 먼저 시트지 한쪽을 라벨과 함께 날카로운 칼을 이용하여 떼어냅니다(사진③).

그리고 양손으로 라벨을 잡고 빠르게 떼면 됩니다(사진④⑤).
이렇게 뗀 라벨은 사이즈에 맞게 시트지를 잘라내어 보관합
니다(사진⑥).

그리고 또 다른 방법은 스프레이 모기약을 라벨에 뿌리고 약
10분 정도 후에 떼는 것입니다. 그러나 이것은 떼고 나서 며
칠 정도 지나야 모기약 냄새가 없어지는 단점이 있습니다.

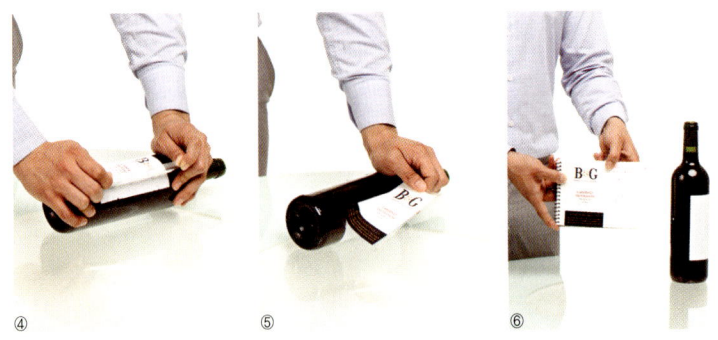

④　　　　　　　　⑤　　　　　　　　⑥

224 와인 라벨은 어떻게 보관하면 되나요?

떼어낸 라벨은 깨끗이 정리해서 라벨집에 보관하면 좋습니
다. 라벨집은 사진 앨범이나 노트 등을 이용하면 됩니다. 라
벨 정리 순서는 일자별로 하는 것이 일반적이지만, 효과적인
와인 공부를 위해서는 산지별로 정리하면 더욱 편리합니다.
그리고 중요한 와인은 스스로 카테고리를 설정해 정리하면
매우 유용합니다. 기록할 내용은 라벨, 마신 날짜, 장소, 함께
한 사람, 가격, 음식, 테이스팅 노트 등 자기 생각대로 간단히
약술해놓으면 됩니다. 이것으로도 자신만의 훌륭한 와인북
이 됩니다.

2. 라벨에 표기된 국가별 용어 정리

	프랑스	이태리	스페인	독일
Red	Rouge	Rosso	Tinto	Rotwein
White	Blanc	Bianco	Blanco	Weisswein
Vintage	Millésime	Annata	Vendimia	Weinless
Dry	Sec	Secco	Seco	Trocken
Sweet	doux, Moelleux, liquoreux	Dolce	Dulce	Mild Lieblich, Suss

3. 국가별 등급 분류

분류 / 나라	지역 지정 우량 와인 / QWPSR (Quality Wine Produced in a Specified Region)		테이블 와인 / Table Wine	
	특정 산지에서 만든 최상급 와인	특정 산지에서 만든 고급 와인	한정된 산지에서 만든 지방 와인	특별한 산지가 없는 테이블 와인
프랑스 France	AOC (Appellation d'Origine Controlée)	VDQS (vins délimités de qualité supérieure)	Vin de Pays	Vin de Table
독일 Germany	QmP (Qualitatswein mit Pradikat)	QbA (Qualitatswein Bestimmter Anbaugebiet)	Landwein	Deutscher Tafelwein
이탈리아 Italy	DOCG (Denominazione di Origine Controllata e Garantita)	DOC (Denominazione di Origine Controllata)	IGT (Indicazione Geografica Tipica)	VDT (Vino da Tavola)
스페인 Spain	DOC (Denominacion de Origin Calificada)	DO (Denominacion de Origin)	Vino de la Tierra	Vino de Mesa
포르투갈 Portugal	DOC (Denominacao de Origem Controlada)	IPR (Indicacao de Proveniencia Regulamentada)	Vinho Regional	Vinho de Mesa

AOC란 무엇인가요?

AOC는 프랑스의 법에 의한 '원산지 통제 명칭'을 뜻하고, 이런 규정은 나라별로 각기 다른 명칭(참조: 165페이지의 국가별 등급 분류)이 있습니다. 쉽게 말해서, 와인의 원산지 표시로 특정 포도를 생산하는 지역을 명기하는 규칙입니다. 큰 지역에서부터 작은 동네에 이르기까지 여러 단위를 표기할 수 있는데, 예컨대 보르도 와인에서도 '보르도'로 표기하거나, 그보다 하위 단위인 '메독' 혹은 '포이약 Pauillac 마을' 등으로 표기할 수 있습니다.

요즘 먹을거리에 대한 불안감이 고조되는 가운데, 당국에서는 식품의 원산지 표기를 엄격히 관리하고 있습니다. 이것도 기본적인 원산지 통제 시스템의 하나라고 볼 수 있습니다. 오늘날 와인을 생산하는 대부분 나라에서 이 규정을 적용하고 있습니다. 이런 시스템은 그 지역에서 일하는 사람들의 이익을 보호하는 역할도 하고, 또 그 지역만의 개성 있는 와인의 품질을 유지하는 데 크게 도움이 되고 있죠.

이 AOC는 단순히 라벨만을 규제하는 것이 아니라, 와인에 관한 전반적인 질을 관리하기 위한 법규정입니다. 그 지역에서 재배할 수 있는 포도 품종을 정해주는 것은 물론이고, 재배 방법, 양조법 등 와인과 관련된 기술적인 사항도 규제합니다. 이런 규제의 목적은 무엇보다도 그 지역에서 생산되는 와인의 질을 최고로 끌어올리는 데 있습니다. 다시 말해 그 지역의 지리적 특징과 기후, 토양 등 여러 가지 요소와 그 지역 사람들의 오랜 경험의 결과로 생산된 그 지역 와인만이 지니고 있는 뚜렷한 정체성을 보존하게 하려는 것입니다.

와인의 품질과 가격은 AOC를 보면 대략 짐작할 수 있습니다. 예컨대 보르도보다는 메독이, 메독보다는 포이약 지역으로 표시된 와인이 품질도 좋고, 가격도 비싼 경우가 흔합니다. 즉, 좁은 지역일수록 와인의 품질 관리가 잘되고, 다른 지역에서는 볼 수 없는 특징적인 와인을 만들 수 있기 때문이죠.

이런 시스템을 통하여 특정 지역의 정체성 있는 와인이 만들어집니다. 집중적인 교육이 훌륭한 전문가를 양성하는 것과 같은 이치가 아닐까요?

4. 국가별 와인 라벨 표기

보르도

1. PRODUCT OF FRANCE: 법적으로 규정된 원산지 표시로 프랑스산임을 명기

2. GRAND CRU CLASSÉ EN 1855: 1855년에 그랑 크뤼 등급을 받았다는 뜻. 이 등급은 메독 지역의 등급으로 당시 61개 샤토가 이 등급을 받았고 1등급부터 5등급까지 분류됨. 이 와인은 2등급에 속함

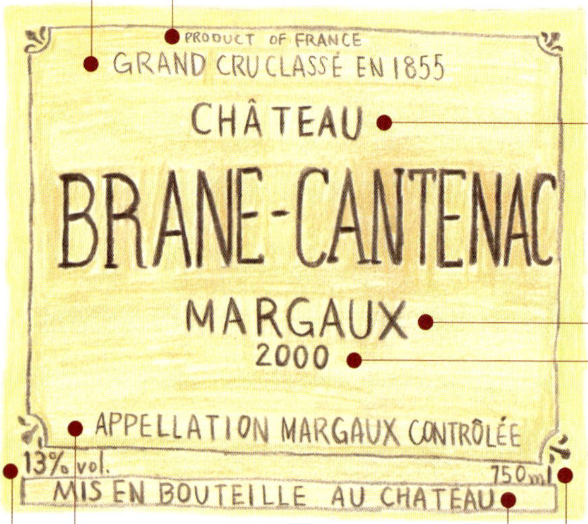

3. CHÂTEAU BRANE-CANTENAC: 와인 이름임과 동시에 와이너리 이름. 샤토는 성(城)을 나타내며 프랑스 보르도 지방의 와인 이름에 자주 사용됨

4. MARGAUX: 생산지인 보르도의 마고 마을 표기

5. 2000: 빈티지를 의미하며 2000년에 수확한 포도로 이 와인을 만들었다는 의미로 고급 와인을 구매할 때 아주 중요한 정보

6. APPELLATION MARGAUX CONTROLÉE: 지역 통제 명칭으로 마고 마을의 기준에 부합하는 와인임을 증명하는 문구. AOC 또는 AC로 표현되며 APPELLATION D'ORIGINE CONTROLÉE를 줄인 말로 'D'ORIGINE'에 지역명(Margaux)이 들어감. AOC는 프랑스 와인 최상위 등급

7. 13%: 와인의 알코올 농도 표시

8. 750ml: 와인의 양. cl(centiliter)로 표기하기도 함

9. MIS EN BOUTEILLE AU CHATEAU: 위에 명시된 이름의 샤토에서 병입했다는 뜻으로, 실질적으로 병입뿐 아니라 와인 제조의 모든 과정을 이 샤토에서 관리하고 품질을 보증한다는 의미가 내포되어 있음

부르고뉴

1. 2002: 빈티지
2. VOSNE-ROMANÉE: AOC를 나타내며 엄격한 법적 규제를 받는 표시 사항으로 와인의 이름
3. CE VIN A ÉTÉ ÉLEVÉ ET MIS EN BOUTEILLE PAR BOUCHARD PÈRE & FILS: 이 와인은 부샤르 도메인에서 재배하고 병입하였음
4. CHÂTEAU DE BEAUNNE, CÔTE D'OR: 양조장 주소

이탈리아

1. Santa Margherita: 와이너리 이름
2. Pinot Grigio: 포도 품종
3. VALDADIGE: 지역 이름
4. Denominazione di Origine Controllata(DOCG): 프랑스의 AOC처럼 등급을 나타냄
5. 2008: 빈티지

미국

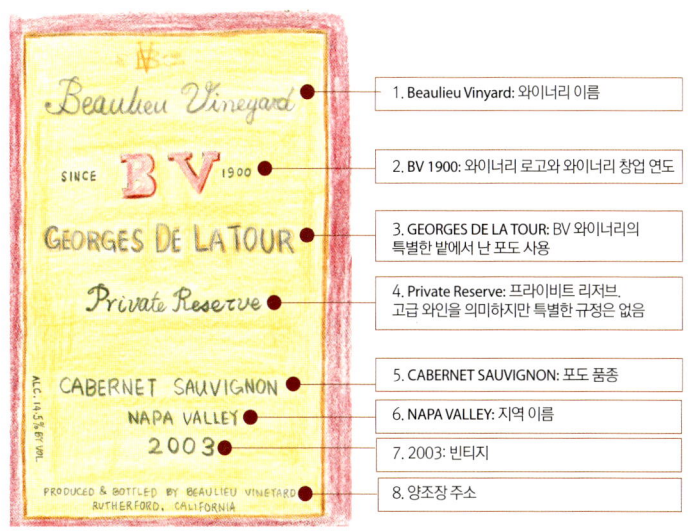

1. Beaulieu Vinyard: 와이너리 이름
2. BV 1900: 와이너리 로고와 와이너리 창업 연도
3. GEORGES DE LA TOUR: BV 와이너리의 특별한 밭에서 난 포도 사용
4. Private Reserve: 프라이비트 리저브. 고급 와인을 의미하지만 특별한 규정은 없음
5. CABERNET SAUVIGNON: 포도 품종
6. NAPA VALLEY: 지역 이름
7. 2003: 빈티지
8. 양조장 주소

오스트레일리아

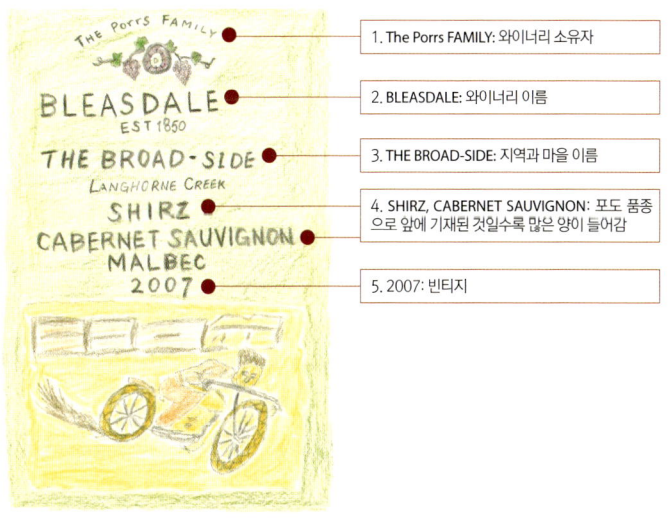

1. The Porrs FAMILY: 와이너리 소유자
2. BLEASDALE: 와이너리 이름
3. THE BROAD-SIDE: 지역과 마을 이름
4. SHIRZ, CABERNET SAUVIGNON: 포도 품종으로 앞에 기재된 것일수록 많은 양이 들어감
5. 2007: 빈티지

1. 와인 글라스의 종류

Q230 **와인 글라스는 왜 그렇게 종류가 많은가요?**

소주잔, 맥주잔, 막걸리잔, 그리고 위스키잔은 각각 한 가지 형태만 있지만, 와인 글라스에는 다양한 모양이 있습니다. 왜 그럴까요? 그것은 와인이 술보다 음식에 더 가깝기 때문입니다. 음식 그릇에는 국그릇, 밥그릇, 찬그릇 등 담는 음식의 종류에 따라 다양한 모양의 그릇과 접시가 필요하지요? 그것은 음식에서 미각도 중요하지만, 시각적인 부분 역시 매우 중요하기 때문입니다.

와인도 마찬가지입니다. 무척 다양한 특색을 지닌 와인을 단한 가지 형태의 글라스로 담아낸다는 것은 벅찬 일이 아닐 수 없습니다. 그래서 각각의 와인에 적합한 글라스를 만들어낸 것입니다. 와인 글라스는 시각적 측면만이 아니라, **후각**

과 미각적인 부분까지 극대화할 수 있는 형태로 제작됩니다. 아래 그림에서 볼 수 있듯이 샴페인 글라스는 튤립 스타일로 모양이 길어서 버블을 즐기기에 좋습니다. 화이트 와인 글라스는 크기가 작아 온도 변화에 영향을 적게 받으며, 레드 와인 글라스는 볼이 넓어 풍부한 향을 즐길 수 있게 설계되었습니다.(아래 그림과 같이 샴페인 글라스는 볼body이 튤립 모양이고 다리stem가 긴 모양입니다. 프랑스에서는 샴페인 글라스를 피리를 뜻하는 '플루트flute'라는 이름으로 부릅니다. 바디가 길어서 버블이 올라가는 모습을 잘 관찰하고 즐길 수 있게 배려한 것이죠. 화이트 와인은 따르고 나서 바로 마시기 때문에 그 시원한 맛을 제대로 느낄 수 있게 밑부분이 달걀형으로 되어 있고 입구가 뻗어 있는 작은 글라스를 사용합니다. 반면에 레드 와인 글라스는 볼이 넓어 풍부한 향을 즐길 수 있게 설계되었죠.)

샴페인　　화이트　　부르고뉴　　보르도

q231 소주잔이나 맥주잔에 와인을 마시면 안 되나요?

물론, 취향이나 상황에 따라 어느 잔에든 마실 수 있습니다. 밥그릇이 없으면 국그릇에 밥을 먹을 수 있는 것과 마찬가지죠. 하지만 그렇게 한다면 와인의 맛을 충분히 즐기기에는 한계가 있습니다. 그리고 앞서 말했지만, 소주잔에 와인을 마시면 와인의 풍미가 단순해지고 쓴맛이 강하게 느껴집니다. 소주잔에는 와인의 향이 고일 만한 여유 공간이 없고, 입 안에서 와인이 떨어지는 위치가 혀 뒤쪽이어서 단맛을 느끼는 혀 앞쪽에 와인이 닿지 않기 때문입니다.

Q232 종이컵에 와인을 마시면 왜 와인의 향이 느껴지지 않나요?

종이컵에 와인을 마신다고 해서 와인의 성분이 변하거나 와인에 이상이 생기는 것은 아닙니다. 그러나 바로 종이컵 냄새 때문에 향을 맡지 못하는 것입니다. 와인의 향이 아무리 풍부해도 종이 냄새와 코팅된 폴리에틸렌 냄새에 묻혀버립니다. 그리고 종이컵은 작아서 와인의 향이 담겨 있을 만한 공간이 부족하기 때문에 상대적으로 와인의 좋은 향이 반감되는 것이죠.

Q233 와인 글라스는 어떤 것이 좋은가요?

투명하면서 잔의 맨 위의 가장자리인 림^{rim}이 오므라져 있고 볼이 넓으며 두께가 얇고 다리가 긴 것이 좋습니다.

글라스가 투명해야 와인의 색을 제대로 즐길 수 있습니다. 글라스에 색이 들어가 있거나 각져 있으면 와인의 색을 잘 볼 수 없습니다. 볼이 넓은 잔은 와인의 향을 많이 가둘 수 있고, 공기와 접촉하는 부분이 넓어서 와인을 빨리 브리딩시킬 수 있습니다. 또 림이 오므라져 있는 것은 와인의 향을 맡을 때 향을 더 잘 모아주는 역할을 합니다.

림의 두께도 중요합니다. 림이 얇으면 와인이 섬세하게 느껴지고, 림이 두꺼우면 둔탁하게 느껴지죠. 다리가 길어야 하는 이유는 와인 글라스를 손으로 잡을 때 편리하기 때문입니다. 만약 다리가 짧아 글라스를 들 때 볼을 잡는다면, 따뜻한 손의 온기가 와인 맛에 변화를 줄 수 있습니다.

234 와인 글라스 종류에는 어떤 것이 있나요?

크게 화이트 와인, 레드 와인, 샴페인 그리고 디저트 글라스로 분류할 수 있습니다. 레드 와인 글라스는 화이트 와인 글라스보다 볼과 림이 넓고 큽니다. 따라서 와인을 브리딩 시키면서 마시기에 좋고, 더 많은 향을 즐길 수 있습니다. 화이트 와인 글라스는 레드 와인 글라스보다 작아 시원하게 마실 수 있고 신선한 향을 즐길 수 있습니다. 샴페인 글라스는 좁고 길어 온도 변화에 영향을 적게 받으며 기포가 올라가는 모습을 눈으로 확인할 수 있습니다. 디저트 와인 글라스는 림과 볼이 작아 와인이 혀 앞쪽에 떨어지므로, 달콤한 맛을 즐기기에 좋습니다.

235 와인을 마실 때 와인을 글라스에 얼마나 채우면 되죠?

글라스 종류나 사이즈에 따라 다르지만, 화이트, 레드, 디저트 와인은 글라스의 반을 넘지 않도록 채우는 것이 좋습니다. 글라스에 와인을 너무 많이 채우면 그만큼 향을 즐길 수 없기 때문입니다. 공간을 많이 둘수록 향을 더 많이 즐길 수 있죠. 크고 고급스러운 글라스로 와인을 즐길 때에도 와인의 양이 150ml를 넘지 않게 하는 것이 좋습니다.

이것을 보면 와인에는 동양적인 정서와 닮은 구석이 있는 것 같습니다. 서양화는 화폭을 가득 채우지만, 동양화는 여백을 둬서 감상자로 하여금 더 많은 것을 생각하게 하니까요.

q 236 **샴페인을 포함한 스파클링 와인도 반 잔을 넘지 않게 채워야 하나요?**

앞서 설명했듯이 일반 와인과 스파클링 와인의 차이는 탄산가스가 있느냐 없느냐입니다. 스파클링 와인의 정체성은 탄산가스의 존재에 달렸습니다. 그런데 스파클링 와인을 넓은 글라스에 담으면 탄산가스가 금방 사라져 신선하지 않을뿐더러 시각적으로도 스파클링 와인 특유의 역동성을 즐길 수 없습니다. 따라서 스파클링 와인은 글라스에 최대한 많이 채우는 것이 좋습니다. 그리고 이 즐거움을 극대화하기 위해서는 폭이 좁고 긴 글라스를 사용하는 것이 좋겠죠. 그래서 스파클링 와인은 다른 와인과 달리 글라스에 7부 정도로 채우면 좋습니다.

q 237 **테이스팅 글라스는 무엇인가요?**

디저트 글라스처럼 작게 생긴 것으로 와인의 종류에 상관없이 와인을 시음할 수 있게 만든 글라스입니다. 이 글라스는 림과 볼이 좁고 키도 작습니다. 주로 전문가들이 여러 종류의 와인을 시음할 때 사용합니다. 테이스팅 글라스는 다른 글라스보다 작아서 적은 양으로도 테이스팅이 가능하고, 내구성도 높아 사용하기에 편리합니다. 특히 림이 좁기 때문에 향을 더욱 풍부하게 느낄 수 있습니다. 와인을 즐길 때에도 와인의 종류와 상관없이 사용하기에 편리합니다.

2. 와인 글라스 관리

Q238 **와인 글라스 세척은 어떻게 하나요?**

와인 글라스는 다른 글라스와 달리 얇고 커서 쉽게 파손되며, 자칫하면 사용자가 다칠 우려가 있기에 조심해서 다루어야 합니다. 특히, 글라스를 세척할 때 주의해야 하며 가능하다면 전용 식기세척기를 이용하는 것이 좋습니다. 손으로 세척할 때에는 세제의 사용을 자제하고 부드러운 스펀지나 천 종류로 조심스럽게 닦고 깨끗이 헹군 다음, 거꾸로 세워 놓아 물기를 제거합니다. 물기가 어느 정도 빠지면 마른 린넨으로 글라스를 다시 한 번 닦아 물기와 얼룩을 제거합니다. 린넨으로 물기를 제거할 때 한 손은 글라스 림을, 다른 손은 글라스 볼을 잡고 부드럽게 돌리면서 닦으세요. 이때 절대로 글라스 림과 스템을 잡지 않도록 하세요. 자칫하면 글라스 다리가 부러지면서 다칠 위험이 있습니다.

Q239 **글라스는 어떻게 보관하나요?**

일반적으로 글라스는 먼지가 앉는 것을 막기 위해 거꾸로 세워서 보관합니다. 그러나 이렇게 하면 글라스에 곰팡이 등의 불쾌한 냄새가 배어 와인을 즐길 때 거부감을 주게 됩니다. 그리고 샴페인 글라스처럼 밑부분이 상대적으로 무거운 것은 거꾸로 세우면 쓰러질 우려가 있습니다. 와인 글라스는 먼지가 내려앉지 않을 만한 공간에 바로 세워서 보관하는 것이 좋습니다.

Q 240 **와인 글라스는 어떻게 운반하는 것이 좋은가요?**

일반적으로 접시나 글라스를 옮길 때 쟁반을 사용합니다. 하지만 와인 글라스는 맥주 글라스나 위스키 글라스에 비해 키가 크기 때문에 쟁반을 이용하면 위험합니다. 글라스의 무게 중심이 위에 있어 쉽사리 넘어지기 때문입니다. 따라서 와인 글라스는 손으로 운반하는 것이 가장 안전합니다. 빈 와인 글라스를 옮길 때에는 왼손의 손가락 사이에 글라스를 끼우면 됩니다. 생각보다 많은 글라스를 간편하게 운반할 수 있습니다. 물론, 운반 전에 손을 청결하게 해야겠지요.

Part 4
와인과 문화

Introduction

저는 문화라는 단어를 좋아합니다. 문화는 와인과 많이 닮아 있기 때문입니다. 이 세상에 나쁜 문화는 없습니다. 문화는 그 자체로 존중받아야 하고 또 존중받을 가치가 있죠. 저에게 맛있는 와인이 다른 누구에게는 맛없게 느껴질수 있지만, 그렇다고 해서 그 와인이 나쁘다고 말할 수는 없습니다. 단지 내 입맛에 맞지 않을 뿐이죠. 내 입맛에 맞지 않는다고 해서 다른 것을 부정할 수는 없습니다. 문화의 차이를 있는 그대로 인정하는 것과 마찬가지죠.

세계 어디를 가든지 그 나름의 문화가 있습니다. 그 문화는 오랜 세월이 흐르면서 마치 숨을 쉬는 것처럼 자연스럽게 우리 의식에 자리를 잡습니다. 김치가 우리에게는 익숙하지만 처음 접하는 외국인들에게는 낯선 것처럼, 와인이 어렵게 여겨지는 것은 와인에 우리가 접해보지 못한 문화가 깃들어 있기 때문입니다. 하지만, 김치도 어느덧 외국인의 입맛에 맞게 된 것처럼 와인 역시 서서히 우리 문화에서 자리를 잡아가고 있습니다.
문화는 절대로 암기하듯이 학습해서는 익숙해질 수 없습니다. 문화는 우리의 일상과 밀접한 관련이 있어 서서히 가슴으로 다가와야 친밀해질 수 있습니다. 그러려면 오랜 시간을 두고 친해져야겠지요. 마치 오랜 숙성의 시간을 지나 마침내 편안해지는 와인처럼 말입니다.
많은 사람이 와인을 지식으로 생각하고 그것을 학습하듯이 공부하곤 합니다. 물론, 와인에 더욱 빨리 적응하기 위한 방법 중 하나임은 분명하지만, 이것으로 스트레스를 받는 사람도 있다고 하니 바람직한 방법은 아닌 것 같습니다. 어떤 이는 와인을 테이스팅하면서 와인 전문가들의 테이스팅 노트를 외워 마치 자기 생각인 양 말하기도 합니다. 그러고는 자신이 한 말 때문에 스트레스를 받습니다. 자신의 것이 아니기 때문이겠지요.

남극에서 떨어진 빙산이 수천 킬로미터를 떠내려 갈 수 있는 이유는 물 위로 보이는 10%의 얼음 때문만이 아니라, 수면 아래 보이지 않는 90%의 얼음 덕분입니다. 와인은 단지 목을 축이기 위해 마시는 음료가 아닙니다. 그렇다고, 와인에 있는 좋은 성분을 섭취하려고 마시는 것도 아니죠. 건강을 생각한다면 와인보다도 더 좋은 성분의 음료는 많이 있으니까요. 단지 다른 사람에게 멋지게 보이고 싶어서 와인을 마시는 것도 아닙니다. 이것은 빙산의 10%에 불과한 것입니다.

이 장에서는 접대 등 업무상 식사 자리에서, 혹은 다양한 계기의 사적인 모임에서 와인을 주문하는 구체적인 방법과 와인 선택시 지침이 되는 실질적인 정보를 소개합니다. 하지만 이런 정보는 다른 사람들 앞에서 와인에 관한 지식을 과시하기 위한 것이 아니라, 함께하는 사람들과 편안하게 즐길 수 있는 와인 문화, 곧 와인이 우리에게 줄 수 있는 90%의 내용을 익히는 데 필요한 내용입니다. 와인을 100% 가치 있는 것으로 만드는 것은 독자 여러분의 몫입니다.

1. 와인 리스트의 구성

Q 241 와인 리스트는 어떤 구성으로 되어 있나요?

와인 리스트는 레스토랑마다 다르지만, 일반적으로 아래와 같이 구성되어 있습니다. 와인의 종류와 이름 그리고 가격 등 고객이 쉽게 이해하도록 표시되어 있습니다.

	Champagne		
1	G.H.Mumm Cordon Rouge Brut NV (374ml)	France	70,
4	Pomery Brut NV	France	130,
7	Bollinger Brut NV	France	175,
10	Dom Pérignon Brut 1999	France	300,

	White		
205	Chablis 2003, Domaine Jean-Paul Droin	France	80,
210	Meursault 2003, Domaine François Mikulski	France	125,
401	BV Century Cellar Chardonnay 2005, Beaulieu Vineyards	USA	40,
403	Sterling Vintner's Collection Chardonnay 2005	USA	60,
506	Langhorne Crossing Chardonnay 2005, Bleasdale Vineyards	Australia	35,

	Red		
251	Bourgogne "La Gibryotte" 2005, Famille Claude Dugat	France	85,
253	Château Magnol 2006	France	120,
254	Château de Nuits Village 2004, Domaine Jayer Gille	France	135,
256	Château Dauzac 2005, André Lurton	France	155,
258	Château Pontet Canet 2001	France	180,
260	Château Pichon-Longueville Baron 1999	France	230,
261	Château Lynch-Bages 2004	France	250,
265	Château Montrose 2004	France	260,
270	Château Mouton-Rothschild 2004	France	1,100,
275	Château Margaux 2004	France	1,130,
452	Sterling Vintner's Collection Merlot 2003	USA	60,
463	BV Napa Valley Cab. Sauvignon 2003, Beaulieu Vineyards	USA	89,
460	Barnett Merlot 2004	USA	95,
751	Terra Andina Reserva Cab Sauvignon 2005	Chile	35,
759	Montes Alpha Cab. Sauvignon Magnum 2005, Viña Montes(1.5L)	Chile	125,

Q 242 리스트에서 맨 앞에 있는 번호는 무엇을 의미하나요?

이것을 '빈 넘버bin number'라고 하는데, 소믈리에가 부여하는 그 레스토랑 고유의 와인 번호입니다. 와인을 주문할 때 이 빈 넘버를 이용하면 됩니다. 이 번호는 대개 소믈리에의 재량으로 카테고리별로 부여합니다. 일반적으로 화이트 와인은 1번에서 30번까지, 레드 와인은 31번부터 99번까지로 지정하고, 프랑스 와인은 200번대, 미국 와인은 400번대에서 각각의 번호를 부여합니다. 예를 들어 220번은 프랑스 화이트 와인이고, 480번은 미국 레드 와인이죠. 그래서 이 번호만 보면 화이트인지 레드인지, 와인의 종류는 물론이고 스타일까지도 어느 정도 알 수 있습니다.

243 연도가 적혀 있는 것은 무엇을 의미하나요?

와인의 빈티지입니다. 레스토랑에 따라서는 빈티지 표시가 없거나, 이 부분만 수정하기 위해 스티커를 붙여 놓은 리스트도 볼 수 있습니다. 와인을 주문할 때 빈티지가 다른 와인이 왔다면 자신이 주문한 와인이 아니므로 당연히 다른 와인으로 교체해 달라고 요구할 수 있습니다.

2. 와인의 분류와 가격

244 와인 이름은 어떻게 불러야 하나요?

일반적으로 프랑스를 비롯한 유럽 와인은 지역명(ex. 샤블리Chablis, 코트 드 뉘Côte de Nuits)과 브랜드명(ex. 샤토 마뇰Château Magnol, 샤토 마고Château Margaux)을 와인명으로 표시합니다. 반면에 미국을 비롯한 신대륙 와인은 포도 품종과 와이너리 등의 정보를 중요하게 표시하죠. 이런 경우에는 포도 품종과 와이너리 이름(ex. BV 나파 밸리 카베르네 소비뇽)을 불러주면 좋습니다.

245 레스토랑에서 와인의 가격은 어떻게 정하나요?

가격은 레스토랑에 따라 다르게 책정됩니다. 대부분 와인 공급업체의 공급가에 몇 퍼센트의 마진을 더해 정해집니다. 그러나 모든 제품에 같은 마진을 책정하지는 않습니다. 가끔 몇몇 유명 제품의 가격을 저렴하게 책정하는 '미끼 상품'을 선정하기도 하므로, 리스트를 꼼꼼히 챙겨 보는 것이 좋습니다. 가격은 카테고리별로 저가에서부터 고가의 와인 순으로

183

나열하지만, 역순으로 나열하는 레스토랑도 있습니다.

Q246 가장 경쟁력 있는 가격대는 어떻게 알 수 있나요?

'경쟁력 있는(Valuable)' 와인이란 가격 대비 가치가 높은 와인을 말합니다. 쉽게 말해서 저렴하면서 맛있는 와인을 말하죠. 이 가격대는 레스토랑의 가격 수준에 따라 차이를 보입니다. 이는 리스트로도 확인할 수 있는데, 특정 가격대에 더 많은 종류의 와인이 있는 경우를 살펴보면 됩니다. 예를 들어 다른 가격대보다 9만 원대 와인이 유독 많이 있다면, 그 레스토랑에서는 9만 원대 와인이 경쟁력이 있다는 의미가 됩니다. 보통 이런 경쟁력 있는 와인은 전체 가격대의 중간 정도에 있는 경우가 흔합니다.

Q247 와인 리스트의 순서는 어떻게 정해지나요?

요즘은 소믈리에의 개성을 보여주는 여러 가지 스타일의 와인 리스트를 흔히 볼 수 있습니다. 보편적이고 전통적인 와인 리스트의 순서는 종류별(스파클링 와인, 스틸 와인 등), 색깔별(화이트, 레드, 로제 등), 나라별(프랑스, 미국 등), 가격대별(저가에서 고가로, 혹은 그 반대로) 등으로 구성됩니다. 그래서 맨 앞쪽은 샴페인을 비롯한 스파클링 와인이 오고, 그 뒤를 이어 화이트 와인이 나라별로 구성되고, 맨 뒤에는 레드 와인이 나라별로, 그리고 가격대별로 정리됩니다. 이런 리스트는 음식을 고르는 순서와 마찬가지로 고객이 와인을 쉽게 고를 수 있도록 스파클링, 화이트 그리고 레드의 순서로 되어 있어 편리합니다.

이외에도 포도 품종별, 맛의 정도(드라이, 스위트 등), 빈티지별, 특정 기관의 점수별 등의 카테고리로 분류된 와인 리스트도 있습니다.

특히, 포도 품종별 카테고리로 되어 있는 리스트는 더욱 쉽게 와인을 정할 수 있는, 조금은 트렌디한 구성이라고 볼 수 있습니다. 이 리스트는 나라보다는 포도 품종 위주로 구성되어 있어서 초보자들도 쉽게 와인을 주문할 수 있다는 장점이 있습니다.

248 리스트에 있는 RP, WS 등의 약자는 무엇을 의미하나요?

와인을 테이스팅하고 나서 평가한 특정인이나 기관의 약자입니다. 요즘은 이런 자료를 기준으로 와인을 구매하는 경우를 흔히 볼 수 있지만, 이 점수가 절대적인 기준이 되지는 못합니다. 대표적인 사례는 아래와 같습니다.

표시	담당자(기관)	최고점수	관련사이트
RP	Robert Parker Jr	100	www.erobertparker.com
WS	Wine Spectator	100	www.winespectator.com
JR	Jancis Robinson	20	www.jancisrobinson.com
HJ	Hugh Johnson	★★★	Hughjohnsonsblog.blogspot.com
D	Decant	★★★★★	www.decanter.com
KWC	Korea wine challenge	100	www.koreawinechallenge.com

249 하우스 와인(House Wine)은 어떤 와인인가요?

본래 하우스 와인의 의미는 그 레스토랑에서 직접 만든 (또는 그 레스토랑만을 위해 만들어진) 와인을 말합니다. 이것은 일반적으로 병보다 글라스로 제공됩니다. 그래서 우리나라에서는 글라스로 제공되는 와인을 '하우스 와인'이라고 부릅니다만, '글라스 와인glass wine'이 바른 표현이라고 볼 수 있습니다.

이것은 와인 리스트 앞쪽이나 위쪽에 별도로 표시되지만, 표기하지 않는 레스토랑도 많습니다. 대부분 글라스 와인으로 가격 대비 질이 좋은 와인을 선택하기 때문에, 주문하고 나서 실망할 확률이 낮습니다.

Q250 '프로모션 와인'이란 무엇인가요?

레스토랑에 따라 '소믈리에 추천 와인', '이달의 와인' 등 특정한 테마에 따라 리스트에 표시된 와인을 말합니다. 이런 와인은 가격 대비 질이 좋고, 업장에 따라서는 여러 가지 혜택을 주기도 해서 선택할 만한 가치가 있습니다. 하지만 너무 강력하게 추천하는 와인은 고객을 고려한다기보다 레스토랑 내부 사정으로 인한 경우가 있기에 신중히 선택하는 것이 좋습니다.

Q251 레스토랑에는 와인 리스트에 나와 있지 않은 와인도 있나요?

고급스러운 레스토랑일수록 리스트에 없는 와인을 별도로 관리하는 경우가 흔합니다. 레스토랑에 따라서는 특별한 와인 리스트를 별도로 가지고 있다가 원하는 손님에게 제공하기도 합니다. 이런 리스트에는 보통 고가의 와인이나 올드 빈티지, 재고가 적은 와인 또는 라벨이나 캡에 하자가 있는 와인이 포함되어 있습니다. 이런 와인은 소믈리에의 재량으로 더 저렴하게 판매하기도 합니다. 리스트에 있는 와인이 마음에 들지 않는다면 소믈리에에게 이런 와인을 부탁해보세요.

2. 모임에서 와인 즐기기

1. 와인 주문 노하우

Q 252 **모임에서 와인은 누가 주문하나요?**

당연히 호스트host가 와인을 주문합니다. 호스트는 모임의 성격과 메뉴, 참석한 사람들의 취향 등을 고려하여 와인을 선정하고 가능하면 손님들께 그 와인에 대한 설명을 간단히 곁들이는 것이 좋습니다. 와인 선정은 병으로 주문할 때에 국한됩니다. 식전주 등 글라스로 주문해서 마시는 와인은 손님의 취향에 맞게 각자 주문할 수 있습니다.

Q 253 **호스트는 누구를 말하나요?**

호스트는 주인 혹은 주최자를 말합니다. 여자일 경우에는 호스티스hostess로 불립니다. 호스트는 모임이나 파티를 주최하고 손님을 돌보는 일 외에도 메뉴와 와인을 선정하는 중요한

와인은 원샷하면 안 되나요?

아주 오래전 제가 근무한 곳은 조선호텔 나인스게이트 프렌치 레스토랑이었습니다. 고급 레스토랑이어서 당연히 비즈니스 고객이 많았는데, 가격도 일반 사람들에게는 조금 부담스러운 수준이었습니다.

한번은 우리나라 대기업과 프랑스 기업 간의 비즈니스 만찬이 예약되었습니다. 주최자는 우리나라 대기업으로 비즈니스 성사를 축하하는 자리였죠. 계약의 규모와 중요성 때문에 매스컴을 통해 널리 소개되어 경제에 문외한인 저도 그 자리에 참석하는 사람들의 이름을 모두 알 수 있었습니다.

우리 레스토랑에서는 며칠 전부터 주방과 홀 직원들이 꼼꼼히 행사를 준비했습니다. 음식도 최고급으로 준비하고, 와인도 프랑스 손님들을 배려하여 프랑스 최고의 그랑 크뤼를 준비했습니다. 물론, 샴페인도 준비했고요.

레스토랑에서는 모든 준비를 끝내고 고객들이 들어오기만을 기다리고 있었습니다. 드디어 손님들이 준비된 룸으로 입장했습니다. 참석자는 양쪽에 각각 열 분이었고, 두 회사의 CEO가 긴 직사각형 테이블의 중앙에 서로 마주 보고 자리를 잡았습니다. 식사 전인데도 분위기가 아주 좋아서 두 회사가 체결한 계약의 중요도를 새삼 느낄 정도였습니다. 각자 자리를 잡자 식전주 겸 축하주로 샴페인을 준비했습니다. 그날 준비한 샴페인은 샴페인의 대명사인 동 페리뇽Dom Pérignon이었습니다. 이 샴페인 한 잔이면 그 축하 자리는 급속히 분위기가 좋아질 것이 분명했습니다.

네 명의 웨이터가 서비스를 시작했습니다. 우선, 호스트인 한국인 CEO가 샴페인을 테이스팅했습니다. 오케이 사인이 떨어지자 우리는 세련되고 완벽한 매너로 모든 분에게 샴페인을 서비스했습니다. 잔이 채워지자, 모두 호스트의 건배 제의를 기다리고 있었습니다. 호스트가 건배 제의를 하자, 모두 자리에서 일어났습니다. 우리나라 사람들은 건배 제의가 있으면 잔을 들고 즉시 자리에서 일어나 자연스럽게 잔을 높이 쳐들지요. 그런 동작은 더 좋은 파티 분위기를 이끌어내기도 합니다. 그러나 서양 사람들은 자리에서 일어나 건배하는 경우가 그리 흔하지 않습니다. 그런데도 그날은 프랑스 사람들도 흔쾌히 일어나 모두 함께 건배했습니다. 이때까지만 해도 분위기는 아주 좋았죠.

모두 서로 잔을 부딪치고 각자 샴페인을 마셨습니다. 그런데 그 순간, 좋았던 분위기가 갑자기 썰렁해졌습니다. 당황한 쪽은 프랑스 사람들이었습니다. 샴페인을 한 모금 마시고 잔을 내려놓던 그들은 우리나라 사람들이 샴페인을 단숨에 마셔버리자, 경악한 눈치였습니다. '원샷'을 하고 호기 있게 잔을 내려놓은 우리나라 사람들은 잠시 후 프랑스 사람들보다 더 놀랐습니다. 프랑스 사람들이 너무 놀라는 바람에 한국 사람들이 더욱더 놀랐던 것입니다.

우리 술문화에서 첫 잔을 원샷하는 것은 거의 관례에 가깝습니다. 첫 잔을 원샷하고 나서 술자리를 시작하면 분위기도 아주 밝아지죠. 우리에게 원샷은 '환영합니다', '만나서 반갑습니다', '당신과 친해지고 싶습니다' 또는 '이제부터 기분 좋게 한잔합시다' 등의 호의적인 의미가 담겨 있습니다. 그리고 우리는 상대방이 잔을 완전히 비우고 나서야 잔을 새로 채워줍니다. 되도록 첨잔하지 않는 것이 예의죠. 이처럼, 우리나라 기업인 일행은 우리 풍습에 따라 기쁨과 감사의 마음으로 원샷을 했던 겁니다.

그런데 유럽을 비롯한 서양에서는 원샷의 의미가 사뭇 다릅니다. 서양에서는 파티 중에 절대 잔을 비우지 않습니다. 물론 원샷도 하지 않습니다. 잔을 비우는 순간은 파티가 끝날 때뿐입니다. 잔을 완전히 비운다는 것은 '식사 잘했습니다', '이제 그만 돌아가겠습니다' 등의 작별인사를 하는 셈입니다. 외국 영화를 보면 파티에서 마음에 들지 않는 사람과 더는 함께 있고 싶지 않을 때, 들고 있던 술잔을 단호하게 원샷으로 비우는 광경을 흔히 볼 수 있습니다. 이것은 '나는 이제 당신과 상종하기 싫습니다'라는 표현입니다. 그래서 만약 빈 잔을 들고 있다면 '나는 이제 와인을 마실 기분이 아닙니다' 또는 '나는 이제 이 파티에 관심이 없습니다'라는 의미가 됩니다. 그래서 서양에서는 술을 마시면서 잔이 비지 않도록 주의 깊게 살피며 계속 첨잔하는 것입니다.

프랑스 사람들은 우리나라 사람들이 '원샷을 하면서 이제 막 시작한 파티를 끝내자'고 하니 놀라지 않을 수 없었을 겁니다. 그리고 우리나라 사람들은 그토록 환대했는데도 프랑스 사람들이 그 환대를 무시(?)했기에 놀랐을 겁니다.

와인을 원샷하면 안 되는 이유는 와인의 맛을 제대로 즐길 수 없기 때문이기도 합니다. 그러나 와인을 즐기는 방법은 사람마다 다를 수 있고, 그런 개인 문화는 존중받아야 마땅합니다. 누구나 같은 이유로 와인을 마시지 않고, 같은 방법으로 즐기지도 않습니다. 이것은 마치 모든 사람이 각기 다른 모습으로 살아가는 것과도 흡사합니다.

하지만 사소한 문화의 차이를 이해하지 못해서 오해를 사는 경우는 피해야 하겠죠. 그것이 바로 '글로벌 매너'라는 것입니다.

일을 해야 합니다. 물론, 호스트의 가장 중요한 역할은 행사의 비용을 책임지는 일이겠죠.

Q254 다른 손님에게 와인 주문을 부탁해도 실례가 아닌가요?

물론, 손님이 불편을 느끼지 않는다면 괜찮습니다. 하지만 와인 테이스팅과 와인 주문은 호스트의 고유 권한임을 잊지 마시기 바랍니다. 이는 파티에 참석한 손님들은 와인을 주문하고 테이스팅을 하는 사람을 호스트로 알게 된다는 뜻입니다. 예컨대 호스트가 비용을 지급하더라도, 손님들은 와인을 주문하고 테이스팅한 사람이 돈을 내는 사람으로 생각하게 된다는 사실을 잊지 마십시오. 와인의 주문을 불가피하게 다른 사람에게 부탁해야 할 경우, 손님들 앞에서 공개적으로 양해를 구하고, 대신 주문할 사람을 지정하는 것이 좋습니다. 또한 이때에도 구매 가능한 가격의 가이드라인을 알려주어 호스트로서의 책임을 다해야 합니다.

Q255 호스트도 손님도 와인을 잘 모를 때 누구에게 도움을 청하죠?

그럴 때에는 당황하지 마시고 레스토랑의 소믈리에에게 도움을 받으시면 됩니다. 소믈리에에게 일임하더라도 원하는 가격대(예산)는 알려주는 것이 좋습니다.

Q256 와인은 언제 주문하는 것이 좋을까요?

상황에 따라 다르긴 하지만, 적어도 마시기 20분 정도 전에 주문하는 것이 좋습니다. 왜냐하면 어떤 와인은 준비하는 데 시간이 걸리기 때문입니다. 샴페인이나 화이트 와인은 차게 마셔야 하므로 칠링하는 데 최소한 20분 정도의 시간이 소요

됩니다. 그리고 와인에 따라서 몇 시간 전에 오픈해야 좋은 와인도 있습니다. 어쨌든, 너무 급하게 주문하면 그만큼 훌륭한 서비스를 받지 못할 수 있습니다. 그날 마실 와인을 한꺼번에 주문하는 것도 좋지만, 손님의 기호를 잘 모를 경우에는 손님의 기호를 파악해 가면서 하나씩 차례로 시키는 것도 좋습니다. 하지만 서비스하는 사람들이 서두르지 않게 20분 정도 시간을 주고 여유 있게 주문하는 것을 잊지 마세요.

257 음식을 먼저 정하나요? 와인을 먼저 정하나요?

와인은 음식의 맛을 돋우는 보조적인 역할을 합니다. 따라서 함께 먹는 음식의 맛과 향을 잘 살릴 수 있는 와인 선택법이 중요합니다. 레스토랑처럼 음식의 종류가 많은 곳에서는 음식을 먼저 정한 다음, 그것에 어울리는 와인을 주문하고, 바같은 곳에서는 와인을 먼저 선택하는 것이 좋습니다. 와인과 음식 중 어느 것을 위주로 할 것인지는 모임의 성격에 따라 달라지겠죠.

258 여러 종류의 와인을 주문할 때 무엇부터 정하는 것이 좋은가요?

음식을 선택하는 방법과 같은 순서로 하면 됩니다. 레스토랑에서 음식을 먹는 순서는 '선채─수프─미들코스─메인디시─디저트' 순이지만, 이 순서대로 메뉴를 정하려고 하면 선택하는 데 시간이 오래 걸립니다. 그래서 먼저 메인디시를 정하고 나서, 나머지는 메인디시와 다른 스타일의 요리를 정하면 됩니다. 예컨대 메인을 스테이크로 했다면 생선류 전채와 야채수프, 파스타로 미들코스를 정하는 식으로 하면 다양한 음식을 즐길 수 있습니다. 와인도 마찬가지로 메인 와인을 먼저 정하는 것이 좋습니다. 메인 와인 앞에 서비스되는 와인은 가볍고 신선한 것으로 하고, 메인 와인 이후에는 메인 와인보다 스위트한 와인으로 선택하면 좋습니다.

259 각각의 와인은 어떤 음식에 곁들여 마셔야 하나요?

아래와 같이 양식 만찬을 예로 들어, 코스별 와인 매칭을 살펴보겠습니다. 음식에 따라서 화이트 와인과 레드 와인의 종류는 늘어날 수 있습니다.

스파클링 와인	카나페(리셉션 시 간단한 음식)
화이트 와인	전채, 수프, 생선
레드와인	메인/스테이크, 가금류
디저트 와인	디저트

260 글라스 와인을 주문하면 실례인가요?

글라스 와인을 싸구려처럼 여기는 사람들이 있는데, 절대 그렇지 않습니다. 일반적으로 글라스 와인은 가격 대비 질이 좋은 와인으로 선정되며 그 레스토랑의 음식과 가장 잘 어울리는 경우가 흔합니다. 가볍게 마시고 싶을 때 선택하면 좋겠죠.

261 글라스 와인은 어떤 때 주문하면 되나요?

와인 한 병이 부담스러울 때나 여러 스타일(화이트, 레드 등)의 와인을 조금씩 다양하게 마셔보고 싶을 때 주문하면 좋습니다. 함께한 일행이 서로 성격이 다른 음식을 주문했을 때, 한 종류의 와인으로 매칭하기 어려울 때 선택해도 좋습니다. 또 다른 장점은 가격의 편안함이기도 하지요.

Q262 글라스 와인을 주문할 때 주의할 사항이 있나요?

글라스 와인은 미리 오픈해놓기 때문에 와인이 산화하지 않았는지 확인해보는 것이 좋습니다. 주문할 때 테이스팅해 보거나 되도록 오픈한 지 얼마 되지 않은 와인(2일 이내)으로 요구하는 것이 좋습니다. 하지만 오픈해 놓은 와인이 있는데도 새로운 병으로 서비스해달라고 하는 것은 무리한 요구입니다.

Q263 와인을 그만 마시고 싶을 때에는 어떻게 하면 되죠?

이럴 때에는 소믈리에에게 자신이 원하는 양을 지정해 주거나, 와인을 서비스할 때 오른손을 글라스 근처에 살짝 올려 그만 마시겠다는 표시를 하면 됩니다.

2. 와인 주문의 경제학

Q264 어느 정도 가격대의 와인을 주문해야 하나요?

전적으로 호스트의 선택에 달려 있습니다. 고려해야 할 사항은 본인의 경제적인 능력과 초대한 손님의 기분입니다. 너무 저렴하거나 비싼 와인은 손님에게 불쾌감을 주거나 부담을 줄 수 있겠죠.

만약 와인을 한 병 정도 마신다면, 레스토랑 세트 메뉴 가격에 해당하는 가격이면 부담이 없습니다. 그런데 여러 병을 마신다면 메인 와인은 조금 더 비싼 것으로 선택하고, 나머지는 저렴한 와인으로 주문합니다. 이렇게 하면 메인 와인이 상대적으로 부각되기 때문에 더욱 효과적입니다.

Q265 와인을 얼마나 주문해야 하나요?

필요한 와인의 양은 모임에 참석한 사람들의 숫자와 식사 시간의 길이, 분위기, 와인의 종류 그리고 주량에 따라 차이가 납니다. 저녁식사 시간을 기준으로, 남자는 약 2.5잔, 여자는 약 1.5잔 정도를 마십니다. 앞서 설명했듯이, 레드 및 화이트 와인 한 병(750ml 기준)은 레스토랑 글라스를 기준으로 5잔(150ml * 5)이 나옵니다(샴페인은 6잔). 따라서 '인원 x 2.5잔(남자) 1.5잔(여자) / 5'의 수식을 이용하면 됩니다. 즉, 남자 4명이 저녁식사를 한다면 2병 정도가 필요합니다(4 x 2.5 / 5 = 2).

Q266 와인을 몇 종류나 주문하면 되나요?

이것은 전적으로 파티의 성격과 분위기, 음식, 예산 등에 따라 달라집니다. 보통 점심 때에는 한 종류의 와인으로 충분합니다만 저녁에 하는 만찬에서는 두 종류 이상을 주문하는 것이 좋습니다. 코스가 긴 정찬일 때에는 네 종 이상의 와인이 필요하기도 합니다. 음식 코스의 길이에 따라 주문하는 와인의 종류와 순서를 살펴보면 다음과 같습니다.

1종 선택 시   Red
2종 선택 시   White - Red
3종 선택 시   White - Red - Dessert Wine
4종 선택 시   Sparkling - White - Red - Dessert Wine
5종 선택 시   Sparkling - White - Red 1 - Red 2 - Dessert Wine

267 이 많은 와인을 한꺼번에 다 주문해야 하나요?

중·대형(10명 이상) 파티에서는 미리 한꺼번에 주문하는 것이 좋습니다. 급하게 주문하면 와인 재고가 부족해서 낭패를 보는 경우가 종종 있기 때문입니다. 그리고 미리 준비하면 와인이 훨씬 좋은 조건(디캔팅과 와인 온도 조절 등)에서 서비스될 수 있습니다. 하지만 인원이 많지 않아 종류별로 한두 병 정도로 충분하다면 마시면서 하나하나 주문해도 괜찮습니다.

268 스파클링 와인과 화이트 와인을 꼭 마셔야 하나요?

반드시 마셔야 하는 것은 아닙니다. 우리나라에는 신맛이 많은 화이트 와인을 별로 좋아하지 않는 사람이 많습니다. 그러나 오랫동안 여러 코스의 음식을 먹어야 할 때에는 샴페인이나 화이트 와인을 선택하여 마시는 것이 효과적입니다.

첫째 이유는 **코스별 음식과의 매칭** 때문입니다. 좋은 음식은 좋은 와인과 함께 먹을 때 더욱 가치를 발하게 되죠. 여러 종류의 음식을 먹을 때에는 당연히 각기 다른 와인과 만날 때 조화가 잘 이루어집니다.

둘째는 분위기 조성입니다. 기본적으로 레드 와인을 마시면 처음에는 기분이 차분히 가라앉는 편이어서 분위기가 살아날 때까지 시간이 필요합니다. 그러나 **화이트 와인은 레드보다는 빨리 기분을 살리는 데 효과**가 있습니다. 물론, 그보다 더 효과가 빠른 것은 샴페인입니다. 그래서 파티에서는 분위기를 띄우려고 흔히 샴페인을 선택하는 것이죠.

셋째는 비즈니스적인 측면입니다. 만약 레드 와인으로 4종을 마셨을 때, 접대받는 사람은 '레드 와인 4종을 마셨다'가 아니라 '레드 와인을 마셨다'라고 기억합니다. 돈을 쓴 만큼 충분한 효과를 거두지 못하는 것이죠. 그러나 4종을 각기 다른 와인으로 마신다면 상대방은 그만큼 **접대받는 느낌**(샴페인, 화이트, 레드, 디저트 와인까지 마셨다)이 극대화할 것입니다.

269 와인을 주문할 때 손님 앞에서 와인 가격을 말하는 것은 실례인가요?

와인을 주문하면서 '10만 원짜리 와인 주세요'라고 금액을 언급하는 것은 다소 민감한 문제입니다. 친구처럼 가까운 사이에서는 실례가 되지 않겠지만, 비즈니스 식사 등 어려운 자리에서는 충분히 실례가 될 수 있습니다. 손님은 자신의 가치가 와인의 가격으로 정해지는 것처럼 느낄 수 있기 때문입니다. **되도록 금전적인 부분은 드러내지 않는 것이 좋습니다.** 자칫 상대에게 천박하다는 인상을 남길 수도 있으니까요.

270 소믈리에에게 와인을 추천해달라고 부탁할 때, 원하는 와인의 가격대를 어떻게 알아차리게 하면 되나요?

와인을 선택할 때 고객이나 소믈리에에게 가장 중요한 부분은 가격입니다. 가끔 둘이 생각하는 가격의 차이 때문에 좋은 자리에서 불편한 일이 발생하는 것을 볼 수 있습니다. 그래서 가격만큼은 서로 확실하게 하는 것이 좋습니다. 하지만 앞에 앉은 손님이 눈치채지 못하게 자신이 생각하는 가격대를 소믈리에가 알아차리게 하는 지혜가 필요합니다. 가장 확실한 방법은 고객보다 먼저 도착해서 미리 소믈리에에게 말해두는 것입니다. 그럴 시간이 없다면 와인 리스트를 이용하면 좋습니다. 먼저 와인 리스트를 소믈리에와 함께 보면서 문의하는 형식으로 해보세요.

> 463 BV Napa Valley Cab. Sauvignon 2003, Beaulieu Vineyards   USA   89,000

예컨대 9만 원 정도의 와인을 시키고자 할 때에는 직접적으로 가격을 말하지 말고 "BV 나파 밸리 와인 어때요?"라는 식으로 돌려 말하면 대부분 소믈리에는 '아! 이분은 9만 원 정도의 와인을 찾는구나' 하고 이해할 것입니다.

271 와인 가격을 깎아도 되나요?

좋은 방법은 아닙니다. 예산에 문제가 있다면 그 예산에 맞는 와인을 찾아보는 것이 현명합니다. 그러나 레스토랑에 따라서는 가끔 고가의 와인이나 라벨이 손상된 와인을 단골들에게 할인해서 판매하기도 합니다. 소믈리에와 친하게 지내세요.

1. 코르키지 기본 상식

Q272 집에 있는 와인을 레스토랑에 가져가고 싶은데 실례는 아닌지요?

모시는 손님에게는 특별히 준비한 와인을 마실 기회가 되니 실례될 것은 없습니다. 이처럼 자기 와인을 레스토랑에 가져가서 서비스를 받으며 마시는 것을 '코르키지corkage'라고 합니다. 하지만 이런 경우는 레스토랑의 운영자에게 곤욕스러운 일이 아닐 수 없습니다. 마치 도시락을 싸서 식당에 가서 먹는 것과 비슷한 경우라고 할 수 있겠죠. 그래서 와인을 가져갈 때에는 먼저 레스토랑의 허락을 얻는 것이 좋습니다. 레스토랑의 정책에 따라 코르키지를 허락하기도 하고, 그러지 않을 수도 있습니다.

273 **코르키지가 가능한 곳인지를 어떻게 알 수 있나요?**

가장 확실한 방법은 직접 전화해서 알아보는 것입니다. 가끔 레스토랑 메뉴나 입구 쪽에 "BYOB"라는 표시가 있는데, 이것은 "bring your own bottle"의 약자로서 와인을 가져오는 것을 허용한다는 의미입니다. 레스토랑에 따라서는 BYOB를 허용하는 날짜를 지정해 놓기도 하죠. 예를 들어 매주 월요일 또는 일요일에는 와인을 가져오는 것이 허용되지만, 그 밖의 날에는 그 레스토랑에서 와인을 구매하여 마셔야 한다는 식입니다.

274 **와인은 몇 병까지 가져갈 수 있나요?**

BYOB가 허용되는 레스토랑이면 가져갈 수 있는 와인의 병 수를 구체적으로 제한하지 않는 것이 상례입니다. 하지만 어떤 경우에는 레스토랑의 정책에 따라 테이블당 1병으로 제한하기도 합니다. 너무 많은 와인을 가지고 가면 레스토랑에서는 그리 달갑지 않겠죠. 이런 경우에도 레스토랑에 미리 문의하는 것이 좋습니다.

275 **어떤 와인을 가져가야 하나요?**

함께 마실 사람, 초대한 손님이 좋아할 만한 와인을 골라야 하겠죠. 나와 손님에게 특별한 의미가 있는 와인이라면 금상첨화가 될 것입니다. 그러기 위해서는 시중에서는 (적어도 그 레스토랑에서는) 구하기 어려운 와인이 좋습니다. 특별한 와인이라고 가져갔는데 그 레스토랑의 와인 리스트에 들어 있다면 모신 손님이 실망할 수도 있습니다. 그리고 너무 저렴한 와인은 피하는 것이 좋습니다. 레스토랑에서 구매하여 마시는 것보다 코르키지 비용이 더 비싼 경우가 생길 수 있죠. 물론, 가격으로 평가하기 어려운 특별한 의미가 있는 와인이라면 문제 될 것이 없습니다.

Q276 코르키지 와인은 스스로 따라 마셔야 하나요?

이것 역시 서비스에 대해서 '코르키지 피corkage fee'라는 정당한 대가를 치르고 마시는 것인 만큼 당당히 서비스를 요구할 수 있습니다. 와인을 테이스팅할 수 있고, 디캔팅이 필요한 경우에 레스토랑에 부탁할 수 있습니다. 다만, 와인을 테이스팅하고 나서 맛이 이상하다며 교체해 달라고 요구할 수는 없겠지요. 와인에 문제가 있다면 그것은 가져간 사람의 책임일 뿐, 레스토랑의 과실이 아니니까요.

Q277 와인을 가져갈 때 음식은 어떻게 주문해야 하나요?

와인과 잘 어울리는 음식은 소믈리에의 도움을 받아 정하는 것이 좋습니다. 이때 음식을 과도하게 주문할 필요는 없지만, 너무 적게 주문한다면 그것은 레스토랑에 대한 좋은 매너가 아닙니다. 예컨대 음식 한 접시 주문해놓고 자기가 가져간 와인을 여러 병 마신다면 그 레스토랑의 블랙리스트에 올라갈 수 있음을 명심하세요.

2. 코르키지 매너

Q 278 코르키지 피가 무엇인가요?

코르키지 피는 고객이 자신의 와인을 레스토랑에 가지고 와서 레스토랑의 서비스를 받아 마시고 그 대가로 지급하는 금액을 말합니다. 코르키지 차지corkage charge라고도 하지만, 바른 표현은 아닙니다. 레스토랑에서는 고객의 와인을 오픈해주고 글라스와 서비스를 제공하는 데 대한 사례금을 받는 셈이지요. 이 금액은 레스토랑마다 차이가 있습니다. 와인 판매가격의 일정 비율로 책정하거나, 병마다 일괄적으로 정해진 금액을 받는 곳도 있습니다. 따라서 레스토랑에 미리 문의하는 것이 좋습니다. 가끔 레스토랑에서 제공하는 와인을 마시는 것보다 코르키지 피가 더 비쌀 수도 있으니까요.

Q 279 코르키지 피를 저렴하게 낼 방법이 있나요?

코르키지 비용은 전적으로 레스토랑의 경영 방침에 따른 것이므로 어느 정도 조정할 수 있습니다. 평소 레스토랑의 지배인이나 관계자와 친분을 유지하는 것도 좋은 방법이지요. 만약 처음 가는 레스토랑이라면 레스토랑 담당자와 미리 금액에 관한 부분을 조정하는 것도 좋습니다. 가장 좋은 방법은 와인을 가져가더라도, 그 업장에서 한두 병 정도의 와인을 구매할 의사를 밝히는 것입니다. 그러면 코르키지를 어느 정도 할인받을 수 있습니다.

답 280 **코르키지 피는 반드시 현금으로 내야 하나요?**

아닙니다. 레스토랑에서는 코르키지 피를 음식값과 함께 청구합니다. 그러나 업장에 따라서는 현금 지급을 선호하는 곳도 있으니 미리 문의하시는 것이 좋습니다.

답 281 **가져간 와인과 같은 것으로 교체해 달라고 요구할 수 있나요?**

만일 교체를 해주는 레스토랑 매니저가 있다면 그 사람은 성격이 아주 좋거나, 경영 마인드가 부족한 사람입니다. 고객이 가져오는 와인은 가정용으로 레스토랑에서 팔면 법에 저촉되며, 적발되면 영업정지 등 징계를 당할 수 있습니다. 이런 부탁은 절대로 해서는 안 됩니다.

1. 와인 행사의 종류

Q 282   **와인 행사에는 어떤 것이 있나요?**

요즘은 와인 문화가 보편화하면서 일반인이 함께할 수 있는 와인 행사가 많아졌습니다. 와인 박람회, 와인 장터, 와인 갈라 디너 wine gala dinner, 와인 메이커스 디너 wine maker's dinner, 소믈리에 대회 등 다양한 스타일의 와인 행사가 꾸준히 진행되고 있습니다.

Q 283   **어떻게 하면 그런 행사에 참석할 수 있나요?**

이런 행사는 각종 인터넷 사이트에 공지되므로 항상 관심 있게 살펴보는 것이 좋습니다. 한국 소믈리에 협회, 각국의 정부기관, 와인 수입사, 호텔, 레스토랑, 와인 포털 등에서 운영하는 사이트에 주목하세요. 주요 사이트를 소개하면 다음과 같습니다.

명칭	사이트 주소	주최
한국 소믈리에 협회	www.somme.co.kr	한국 소믈리에 협회
소펙사	www.sopexa.co.kr	프랑스 농식품 진흥 공사
디아지오 코리아	www.diageo.co.kr	주류 수입사
베스트와인	www.bestwine.co.kr	와인 포털
와인나라	www.winenara.co.kr	와인 포털
와인타임	www.winetime.co.kr	와인샵

한국 소믈리에 협회는 전·현직 소믈리에들로 구성된 전문가 그룹으로 소믈리에와 와인 관련 일을 꿈꾸시는 분들께 추천합니다.

284. 와인 갈라 디너와 와인 메이커스 디너는 어떤 행사인가요?

이런 행사는 대부분 레스토랑이나 연회장 등 프라이빗(Private)한 장소에서 열립니다. 와인 디너 행사는 특정 와인 또는 특정 와이너리를 주제로 열리는데 만찬과 그에 맞는 와인을 즐길 수 있습니다. 그리고 그 와인을 만든 와인 메이커를 비롯한 관계자들과 식사하면서 와인 테이스팅은 물론 그들의 특별한 스토리와 철학을 나눌 기회를 덤으로 누릴 수 있습니다. 갈라 디너는 주로 음식이 주가 되는 파티이고, 와인 메이커스 디너는 와인이 주가 되어 진행됩니다. 두 행사에 와인과 음식의 마리아주는 기본입니다.

이런 행사에 참석할 때에는 파티 차림을 하는 것이 예의이고, 시간적 여유(보통 3시간 정도)를 가지고 즐기면 더욱 좋습니다. 금액은 몇만 원에서 몇백만 원에 이르기까지 다양합니다. 따라서 사전에 미리 예약하는 것은 필수입니다.

Q285 와인 박람회는 어떻게 진행되나요?

박람회는 코엑스COEX 등 넓은 장소에서 와인 수입사 위주로 운영되는 형태와 특정 테마(예컨대 보르도 와인, 나파 와인 등)를 주제로 각종 와인 협회 주최로 운영되는 형태가 있습니다. 전자는 이미 수입되고 있는 와인 위주이고, 후자는 수입되지 않는 와인 위주로 박람회가 진행됩니다. 이런 박람회에서는 입장권만 구입하면 모든 와인을 테이스팅할 수 있는 기회가 생깁니다. 가끔 고가의 와인도 테이스팅할 수 있으므로 발품을 많이 파는 것이 좋습니다.

2. 와인 행사 즐기기

Q286 박람회에서는 어떻게 테이스팅을 하는 것이 좋은가요?

수천 종이 넘게 출품되는 와인을 모두 테이스팅하는 것은 사실상 불가능합니다. 그래서 효율적인 테이스팅을 위해서는 자기만의 테마를 정하는 것이 좋습니다. 예컨대 프랑스 와인 중 보르도 와인, 신대륙 소비뇽 블랑, 이탈리아 2009년 빈티지, 판매가격 10만 원 이상 등 나름내로 주세를 정하면 더욱 집중력 있게 테이스팅할 수 있습니다.

Q287 박람회나 시음회 참여 시 좋아하는 와인을 계속해서 마셔도 되나요?

기본적으로 그렇게 하더라도 문제는 없습니다. 하지만 박람회는 와인을 테이스팅하는 곳이지 레스토랑이나 바가 아님을 잊지 말아야 합니다. 그리고 박람회에서는 되도록 많은 사람에게 테이스팅할 기회가 돌아가야 하므로 한 사람이 독차지하는 것은 좋은 매너라고 할 수 없겠죠.

q288 박람회나 시음회 참여 시 받은 와인은 다 마셔야 하나요?

레스토랑에서 서비스하는 와인의 한 잔 분량은 150ml 정도지만, 박람회에서 테이스팅하는 와인의 양은 20ml 정도입니다. 적은 양이지만, 한 잔 두 잔 받다 보면 금세 취기가 돕니다. 특히 와인과 함께 음식을 먹지 못하기 때문에 더욱 그렇습니다. 아깝다는 생각이 들겠지만, 테이스팅하고 남은 와인은 버리고 입안의 와인까지 뱉어내도 좋습니다. 와인은 지정된 통에 버리고 뱉을 때에는 손으로 입을 가리는 것이 보기에 좋습니다. 물론, 자신이 선호하는 와인은 마셔도 좋겠지요.

q289 박람회나 시음회 참여 시 와인을 테이스팅할 때마다 글라스를 바꿔야 하나요?

물론, 정확한 테이스팅을 위해 매번 새 글라스를 사용하는 것이 좋습니다. 하지만 박람회와 같은 자리에서는 그것이 현실적으로 불가능합니다. 그래서 와인 테이스팅할 때마다 물로 글라스를 헹구기도 하지만, 번거롭고 시간도 많이 걸리기 때문에 효과적인 방법은 아닙니다. 이런 자리에서는 글라스에 있는 와인을 깨끗이 버리고 다른 와인을 받으면 됩니다. 다만, 레드 와인을 마신 다음에 화이트 와인을 받거나, 스위트한 와인을 마신 다음에 드라이한 와인을 테이스팅할 때에는 반드시 글라스를 새것으로 바꾸거나 물로 헹구는 것이 좋습니다.

Q290 **시음 노트는 어떻게 쓰나요?**

가장 좋은 시음 노트는 자신이 느낀 것을 솔직히 표현하는 것입니다. 아래는 일반적으로 많이 사용하는 와인 테이스팅 노트입니다.

★ Wine Testing Note / 와인 시음 노트

Wine (와인이름)	
Region (지역)	
Vintage (빈티지)	
Price (가격)	
Color (색)	
Aroma (향)	
Taste (맛) -Acidity (산도) -Sweetness (당도) -Body (질감)	

★ Wine Testing Note / 와인 시음 노트

Wine (와인이름)	Suyai
Region (지역)	칠레 마이포 밸리
Vintage (빈티지)	2005
Price (가격)	15만
Color (색)	깊고 진한 루비색
Aroma (향)	라즈베리, 블랙베리, 나무
Taste (맛) -Acidity (산도) -Sweetness (당도) -Body (질감)	잘 익은 과일의 생기가 넘치고, 미네랄의 느낌과 열정적인 느낌의 마무리가 좋다. 신선한 산도, 드라이하면서도 풀 바디의 질감이 인상적이다.

아버지의 술과 나의 와인

술은 우리에게 어떤 의미가 있을까요? 스트레스 해소? 사업상 접대? 유혹의 수단? 술은 인간의 역사와 함께했고 지금도 그 역사는 이어지고 있습니다. 오늘날 술은 아주 큰 비즈니스로 성장했을 만큼 인간과 밀접한 관계를 맺고 있습니다. 이처럼 오래도록 술의 역사가 이어졌다면, 그 배경에는 탄탄한 철학이 있지 않을까요?

제가 생각하는 술의 의미는 '通(통)'입니다. '서로 마음이 통한다.'라고 할 때의 '통'이며, 요즘 흔히 말하는 '커뮤니케이션communication'의 '통'입니다. 지나온 역사를 돌아보면 이 소통의 가능성에 따라 전쟁과 평화가 반복되었습니다.

저의 아버지도 술에 기대어 많은 소통을 하셨던 것 같습니다. 하지만 그 소통은 주로 집밖에서 이루어졌을 뿐, 가족들에게는 단절이라는 희생을 요구하셨습니다. 이는 단지 우리 아버지 세대의 이야기만은 아닙니다. 오늘날 샐러리맨들의 고민이기도 합니다. 업무의 연장으로 이루어지는 술자리나 기분전환을 위한 동료 간의 술자리는 가족과의 단절을 부르기도 합니다.

그래서 저는 다른 방법으로 술을 마십니다. 바로 와인을 마시는 것이죠. 일 때문에 밖에서도 와인을 마시지만, 주말에는 집에서 가족들과 와인을 마십니다. 와인을 마시면 평소 과묵하던 저도 말이 많아집니다. 아내와 아들 이야기에도 귀를 기울이게 되죠. 비싼 와인이 아니더라도, 고급스러운 음식이 없더라도, 그 자리에는 대화가 끊이지 않습니다. 작은 것으로 함께 기뻐하고 함께 안타까워하는 시간. 그것이 바로 진정한 소통이 이루어지는 순간입니다.

저희 아버지는 술로 외로움을 달래는 방법을 택하셨지만, 저는 와인으로 마음을 나누는 방법을 택했습니다. 이것이 아버지와 제가 술을 대하는 태도의 차이입니다.

5. 이럴 땐 이런 와인을!

1. 돈독한 관계를 맺은 비즈니스 파트너를 접대할 때

좋은 와인을 만나면 기분이 좋아집니다. 좋은 와인은 가슴을 설레게 하죠. 좋은 와인은 편안한 휴식과도 같습니다. 제게는 친구와 같은 와인이 가장 좋은 와인입니다.

와인도 사람처럼 나이를 먹습니다. 와인은 저와 함께 성장하고 제 이야기에 귀 기울여 줍니다. 마시지 않아도, 그저 바라만 보아도 입가에 미소가 절로 번집니다. 오랫동안 만나지 못하면 기다려지는 그리움이 있습니다.

굳이 비싸거나, 희귀하거나, 유명한 와인이 좋은 와인은 아닙니다. 오랜 세월 함께한 친구들이 그렇듯이, 제게 좋은 와인은 저와 함께 추억을 나누고 꿈을 이야기할 수 있는 와인입니다. 때로 저보다 훨씬 먼저 나이 들기도 하지만, 그래도 괜찮습니다. 친구란 그 어원이 말해주듯이 오랜 시간을 함께 한 사람이 아니던가요.

몇 년 전에 이 와인을 처음 만났습니다. 아주 밝은 친구였습니다. 장난기 넘치는 개구쟁이처럼 구김살이라고는 전혀 없었습니다. 나이는 어리지만, 함께 있는 저를 무척 설레게 했습니다. 헤어지고 나서도 오랫동안 그의 모습이 궁금했습니다. 그 해맑은 미소가 그리웠습니다.

그리고 2년이라는 시간이 지나고 그 친구를 다시 만났습니다. 여전히 밝고 구김살이 없었지만, 어느새 멋진 청년으로 성장해 있습니다. 장난기는 사라지고 정중하고 예의 바른 태도가 몸에 배어 있었습니다. 반듯한 청년이 되었던 거죠. 함께 있는 것만으로도, 저의 격이 높아진 것 같은 기분이 들었습니다. 다른 사람들에게 소개하고 자랑하고 싶었습니다. 현재보다도 미래가 더 기대되는 친구였습니다. 신뢰가 느껴졌습니다.

긴박하고 각박한 현대인의 삶을 인스턴트 문화가 지배하고 있습니다. 비단, 음식이나 도구만이 아니라, 인간관계에서도 쉽게 만나 쉽게 헤어지거나, 각자의 이익만을 염두에 둔 일회성 만남으로 끝나는 사례가 비일비재합니다. 그러나 성공한 사업가들을 보면 공통으로 주위 사람들과 훌륭한 인간관계를 맺고 있음을 확인할 수 있습니다. 그분들은 비즈니스 파트너들과도 친구처럼 지냅니다. 어떤 사람들은 이것이 위선적인 행동이라거나, 비리의 위장된 모습이라고 말합니다만, 비즈니스는 원활한 의사소통의 바탕 위에서 이루어진다는 사실을 생각하면, 무엇보다도 진실한 인간관계가 우선해야 한다는 교훈을 부정할 수는 없을 겁니다.

서로 상생하는 좋은 관계를 지속하려면 양쪽이 함께 성장해야 합니다. 비즈니스에서도 나를 닮은 파트너, 친구 같은 파트너를 만난다면 거북하고 부담스러운 상대가 아니라 만나고 싶고 많은 것을 공유하고 싶은 친구가 됩니다. 멋진 친구가 자랑스럽듯이 이런 파트너는 나를 기쁘게 합니다.

그런 파트너와는 돈으로 얽매인 관계가 아니라 오랜 세월 함께하는 진정한 동지의 관계를 형성할 수 있죠. 그처럼 파트너 관계를 소중히 가꿔가듯이 공들여 키우고 정성스럽게 만든 와인, 지금보다도 먼 미래가 기대되는 와인이 바로 안데스에서 온 수야이 suyai 입니다.

깊고 진한 루비색을 띠고, 라즈베리, 블루베리, 블랙베리의 매력적인 향이 넘칩니다. 부드러운 커런트 열매맛이 생기 넘치며, 강한 미네랄 느낌이 길게 이어지며 진하고 강렬한 피니쉬로 마무리됩니다.

현실은 냉혹하고, 비즈니스는 끝없이 위기를 헤쳐가야 하지만, 나와 함께하는 정직한 파트너가 있다면 언제나 희망이 있습니다. 우리는 희망이 있기에 새로운 꿈을 꿉니다. 수야이는 칠레 원주민 마푸체인들의 언어로 '희망'을 뜻합니다. 오랜 세월 함께 희망을 이야기할 파트너와 함께 마시기에 가장 멋진 와인입니다.

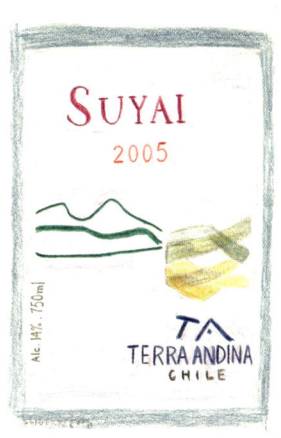

2. 와인 고수들의 모임에서 강한 인상을 남기고 싶을 때

얼마 전 어느 일간지에서 우리나라 CEO들을 대상으로 '업무 외에 어떤 것에서 가장 스트레스를 받나?'라는 설문조사를 했습니다. 답변 중에서 놀랍게도 가장 많은 응답자가 '와인의 선택'이라고 대답했습니다. 이 기사를 보고 저는 의아해하면서도 와인 관련 업무에 오랫동안 몸담아 온 사람으로서 깊이 반성하는 계기로 삼았습니다.

소믈리에로서는 이런 설문조사의 결과에 대해 두 가지 사실에 주목하게 됩니다. 첫째는 와인 선택 때문에 많은 사람이 스트레스를 받을 정도로 와인에 대한 관심이 높아졌다는 고무적인 현상입니다. 둘째는 소믈리에를 비롯한 와인 전문가들이 일반인에게 와인을 너무 어렵게 소개한 것은 아니냐는, 일종의 자성(自省)이 필요한 현상입니다.

CEO만이 아니라 일반인도 고객이나 손님을 접대하면서 와인을 선택할 때 받는 스트레스는 생각보다 훨씬 심각합니다. 우리나라 사람들은 어떤 상품을 선택할 때 그 상품 자체의 질과 내용보다는 그 상품과 관련된 인물에 대한 의존도가 더 높다고 합니다. 예를 들어 TV 광고를 보면 그 차이를 쉽사리 이해할 수 있습니다. 외국산 휴대전화 제품 광고를 보면 제품의 질과 성능을 부각하는 광고 메시지가 주를 이루지만, 국산 휴대전화 광고에는 유명 연예인이 전면에 등장합니다. 이처럼, 우리나라 사람들은 인물을 중시하기에 회사를 대표하여 고객을 접대하는 직장인 개인의 교양과 품격과 자세는 자기 회사 전체의 수준을 보여주는 척도로 작용하게 마련입니다. 따라서 중요한 고객과 식사하는 자리에서 와인에 대한 세련된 감식안을 보여줘야 하는데, 얕은 지식으로 아는 체하자니 자신감을 잃고, 그로 인해 스트레스를 받는 것은 당연한 일입니다.

그러나 이런 자리에서 와인에 대해 아는 체할 필요도, 와인 때문에 스트레스를 받을 필요도 없습니다. 와인의 선택은 지식이나 능력이 아니라 취향에 따라 이루어져야 하기 때문입니다.

며칠 전 오랫동안 알고 지내던 고객 한 분이 다급한 목소리로 전화를 걸어왔습니다. 내용인즉, 와인 고수들이 모이는 저녁 모임에 가져갈 와인을 한 가지 추천해달라는 것이었습니다. 모임에 참가하는 와인 고수들과 비교할 때 자신은 상대적으로 하수여서 열등감을 느끼지만, 오늘만큼은 그들의 예상을 뒤엎는 대단한 와인을 가지고 갔으면 좋겠다는 사연이었습니다. 물론, 세상에 그런 '마술 같은' 와인은 존재하지 않습니다. 그대신 매우 독특한 취향의 와인을 소개하여 좌중을 놀라게 할 수는 있겠지요.

와인 고수들의 모임이라면, 틀림없이 질 좋은 화이트 와인과 레드 와인이 넘쳐날 겁니다. 따라서 웬만한 와인으로는 그들의 시선을 끌 수 없습니다. 샴페인도 좋겠지만, 어딘가 조금 가벼워 보입니다. 이럴 때에는 경박하지 않으면서도 깊은 인상을 남길 수 있는 와인으로 빈티지 포트 vintage port가 좋습니다.

포트 와인은 원래 포르투갈의 북부를 관통하는 두에로 Duero 강 유역에서 생산되는 주정 강화 와인입니다. 포르투갈어로는 '비뇨 도 포르토 vinho do porto'라고 합니다. 포트 와인은 발효가 진행되는 동안에 당이 반으로 줄었을 때 브랜디를 넣은 나무통에 옮겨 발효를 중단시켜서 단맛을 유지한 상태에서 낮은 온도로 2~8년간 숙성시킵니다. 포트 와인에는 화이트, 루비, 토와니, 빈티지의 네 종류가 있습니다. 영 와인은 루비색이지만 시간이 지나 숙성되면 황금색이 됩니다. 이것을 '타우니 포트'라고 하는데 질이 높은 고급품이죠.

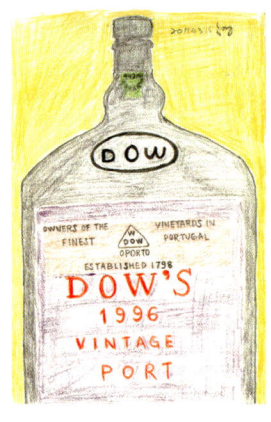
빈티지 포트 와인은 통상 파티의 피날레를 장식합니다. 메인 식사가 나올 때쯤 소믈리에에게 부탁해서 작은 디캔터에 디캔팅을 부탁합니다. 레드와인에서 보기 어려운 황금 빛이 디캔터 벽을 타고 내려올 때 좌중에서는 절로 탄성이 터집니다.

디캔터에 옮겨진 와인의 양은 너무 적습니다. 빈티지 포트는 오랜 숙성 기간에 세디먼트가 많이 생기기에 디캔팅할 때 약 20% 정도는 병에 남겨두어야 합니다. 이처럼, 적은 양을 조금씩 맛볼 수 있기에 더욱 귀하게 여겨지고 기대감이 배가됩니다.

빈티지 포트 와인은 충분히 익은 상태의 포도만 사용하여 잼처럼 농축된 과일향과 호두 등 견과류의 향이 풍요로운 가을 풍경을 연상하게 합니다. 부드럽고 달콤합니다. 빈티지 포트 와인은 특히 식사 후에 강한 치즈와 함께 즐길 때 완벽한 조화를 이룹니다. 부드러우면서 카리스마 넘치는 빈티지 포트 와인의 우아함은 마치 영원을 속삭이는 것 같습니다. 이 정도면 다른 고수들과의 차별화에는 문제없이 성공할 것 같습니다.

3. 골프칠 때

사업을 하다 보면 접대를 목적으로 골프장에 나가는 경우가 생깁니다. 주위가 사람들로 북적대지 않고, 조용히 운동하면서 파트너와 많은 이야기를 나눌 수 있다는 장점이 있기 때문이겠지요. 건강을 챙기면서 비즈니스를 할 수 있으니 접대가 빈번한 사업가들에게는 꼭 필요한 운동이라고 할 수 있습니다. 이런 자리에서 접대하는 사람이 너무 긴장하면 분위기가 어색해질 수도 있습니다. 이럴 때는 무겁지 않은 이야기로 편안한 분위기를 만드는 것이 중요합니다. 그리고 운동 후의 와인 한잔은 접대의 화룡점정이지요. 이런 상황에 어울리는 최적의 와인이 있습니다.

'1865'라는 칠레 와인입니다. 와인 라벨에 큰 글씨로 '1865'라고 인쇄되어 있습니다. 우리나라 골프인들 사이에서는 골프 와인으로 알려져 있을 정도로 유명한 와인입니다. 18홀을 65타에 끝낸다는 의미랍니다. 18홀에 65타는 골퍼들에게는 환상의 숫자입니다. 골프에 많은 시간과 적지 않은 돈을 들여야 도달할 수 있는 완벽한 수의 조합입니다. 골프인들에게는 경외의 숫자인 셈이죠. 그것을 기원하는 1865를 골퍼들이 신봉하는 것은 어쩌면 당연하겠죠.

어느 도둑이 오랜 작전을 세운 끝에 드디어 부잣집을 털게 되었답니다. 빈 집에 침투한 그는 집안 구석구석을 뒤졌습니다. 그러나 돈도 귀금속도 찾아내지 못하자, 이내 실망하고 말았습니다. 그렇다고 어렵사리 침투한 집에서 그냥 나갈 수는 없는 노릇이었습니다. 그때 도둑은 문득 그 부자가 와인을 좋아한다는 기사를 본 기억이 떠올랐습니다. 그는 와인을 잘 몰랐지만, 와인 셀러를 열어 그중 가장 오래된 와인을 한 병 가지고 나왔습니다. 그러고는 인터넷에 광고를 냈습니다. "아주 오래된 와인을 저렴한 가격에 판매합니다. 1865년산 와인을 100만 원에 팝니다."
도둑은 라벨에 적힌 숫자를 빈티지로 잘못 알았던 것이죠.

물론, 이것은 스토리텔링을 이용한 마케팅으로 활용한 일화입니다만, 재미있는 소재인 것은 분명합니다. 이런 스토리 덕분에 1865는 유독 한국에서 가장 많이 팔리는 와인이라고 합니다.
1865라는 숫자에서 힌트를 얻어 18세에서 65세까지 즐겨 마시는 와인이라고 우스갯소리를 하기도 합니다만, 이 와인의 이름 1865는 칠레의 와이너리 산 페르도San Pedro의 설립연도입니다. 1865의 카르미네르carmenere 와인은 강렬한 바이올렛의 색을 띠고, 짙은 베리류의 향과 매콤한 바닐라, 토스트향이 특징입니다. 부드럽게 입안 가득 느껴지는 맛은 다른 어느 품종에서도 찾아보기 힘들어, 칠레 대표 품종으로서 전혀 손색이 없습니다. 풀바디하며 전체적으로 부드럽고 풍부함이 진하게 느껴집니다. 다양한 맛을 혀끝에서 느낄 수 있고, 달콤한 과일맛을 처음부터 끝까지 즐길 수 있는 부드러운 타닌, 오크에서 느껴지는 맛 등은 긴 피니쉬와 함께 훌륭한 풍미를 제공합니다. 이러한 숙성된 맛 덕분에 우리 한식과도 아주 잘 어울리는 와인입니다.

4. 비즈니스 접대에서 생색 내고 싶을 때

비즈니스에서 접대는 아주 중요한 업무의 하나입니다. 지나친 접대는 오히려 비즈니스를 망치기도 하지만, 적당한 접대는 파트너와의 친밀감을 강화하고, 상호 이해를 도모하는 효과적인 수단이 될 수 있습니다. 하지만 모든 접대가 다 반가울 수 없듯이 모든 사람을 똑같은 방법으로 접대를 할 수는 없겠죠.

특히, 썩 내키지 않는 상대에게 접대하는 시간은 고역일 수도 있습니다. 대부분 이런 상황은 예전에는 함께 비즈니스를 한 적이 있으나 지금은 별로 관계가 없는 사람들이거나, 사업적으로는 좋은 관계를 유지해야 하지만, 인간적으로는 별로 매력을 느끼지 못하는 사람을 접대할 때 벌어집니다. 많은 경비를 들여 접대하자니 돈이 아까운 생각이 들지만, 좋은 이미지는 남겨야 하는 경우라고 할 수 있겠죠. 이런 경우에는 효과적인 방법을 강구해야 합니다.

이럴 때 상대에게 대접이 소홀하다는 느낌이 들게 해서는 안 됩니다. '내가 당신을 만나는 이유는 단지 비즈니스 때문이 아니라, 인간적으로 교감하기 위해서입니다.'라는 이미지를 줄 수 있다면 이 접대는 성공한 겁니다. 이런 경우에 너무 어려운 와인은 도움이 되지 않습니다. 쉽게 알 수 있지만, 고급스럽고 무게감이 있는 와인이 좋습니다. 신대륙 와인보다는 구대륙 와인이 이런 분위기엔 더 잘 어울리지 않을까요?

샤토 탈보 Chateau Talbot는 프랑스 보르도의 생-줄리앙Saint-Julien 지역의 그랑 크뤼의 고급 와인입니다. 이 와인은 히딩크 와인으로도 잘 알려져 있고, 와인을 마셔본 사람이라면 이 와인의 명성을 한번쯤은 들어보았을 겁니다.

샤토 탈보는 백년전쟁 당시에 참전했던 영국 군인 존 탤벗John Talbot의 이름에서 유래되었습니다. 그는 영국군의 총사령관으로 전쟁 중에 장렬하게 전사했습니다. 이 전쟁의 패배로 장군은 모든 것을 잃었지만, 역사에 영원히 남는 사람이 되었습니다. 승리한 프랑스인들은 적군의 장수였던 탤벗 사령관의 군인정신을 높이 사 '탈보'라는 이름을 고급 샤토에 허락했습니다.

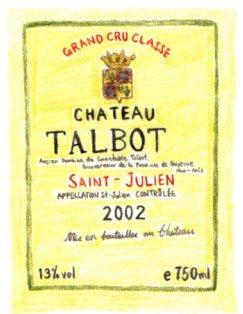

라벨에 보면 'Ancien Domaine du connetable Talbot Gouverneur de la Province de Guyenne 1400~1453(기옌 지방의 영주 탈보 총사령관의 과거 영지 1400~1453)'라고 기록하여 탈보 장군을 기리고 있습니다.

넓은 밭에 카베르네 소비뇽 66%, 메를로 26%, 프티 베르도Petit verdot 5%, 카베르네 프랑Cabernet franc 3%를 재배하고 있고 포도를 직접 손으로 수확합니다. 잘 익은 과일향과 오크의 영향으로 바닐라향이 은은하게 느껴집니다. 넘치는 기운은 없으나 잘 조화가 이루어진 느낌은 절제된 분위기를 주게 되죠. 이런 와인이라면 함께하는 사람에게 우아하게 생색을 낼 수 있을 겁니다.

5. 과도한 스트레스에서 벗어나고 싶을 때

오늘날 스트레스 없이 사는 사람이 과연 몇이나 될까요? 과연 그런 사람이 있기는 할까요? 가난한 사람은 가난에서 벗어나려고 기를 쓰고, 많이 가진 사람은 행여 가진 것을 잃을까 봐 스트레스를 받습니다. 바쁜 사람은 기력이 부쳐 힘들어하고, 한가한 사람은 삶의 무료함에 어쩔 줄 모릅니다. 이것이 모두 스트레스가 됩니다. 적당한 스트레스는 일상생활에서 자극이 되기도 하지만, 대부분 질병의 원인이 되기도 하여 잘 대처해야 합니다.

가장 현명한 방법은 스트레스를 적게 받는 것인데, 그것이 말처럼 쉽지만은 않습니다. 스트레스가 생활에서 어쩔 수 없는 것이라면 그것을 받아들이고 잘 푸는 것이 상책입니다. 그래서 우리는 친구들을 만나고, 북적이는 파티에도 참석해보고, 술에 취하기도 하면서 스트레스를 씻어버리려고 애쓰기도 합니다. 하지만 이런 방법으로 잠시 스트레스를 벗어나더라도 때로는 그 후에 몰려오는 공허함 때문에 더 무력해지곤 합니다.

우리가 받는 가장 큰 스트레스는 외로움이 아닐까요? 나 혼자뿐이라는 느낌, 내 편은 아무도 없다는 절망감, 나 혼자 모든 것을 감당해야 한다는 강박관념이 스트레스의 가장 큰 원인이 아닐까요? 이런 외로움은 많은 사람 사이에 있어도, 신나는 파티 중에도 문득문득 느껴지는 것으로, 삶을 피폐하게 하는 감정입니다.

내가 외로움을 느끼는 것은 내가 나를 몰라주기 때문입니다. 내가 내면에서 지르는 소리에 귀 기울여 줘야 합니다. 내 목소리를 들어줄 시간이 필요합니다. 자신의 소리를 들을 수 있는 시간은 혼자일 때 효과가 크게 됩니다. 사색과 명상의 시간이죠. 혼자 있다고 해서 외로운 것은 아닙니다. 왜냐하면 또 다른 나와의 대화가 있으니까요. 고생한 나에게, 힘들어하는 나에게 에너지를 불어 넣는 시간이 필요합니다. 봄날 검은 땅속에서 아스팔트를 뚫고 나오는 어여쁜 새싹 같은 힘이 필요합니다. 이럴 때 너무 무거운 와인은 필요 없습니다.

피아 도르 Piat d'or는 편하게 마실 수 있는 달콤한 와인으로 150년이 넘는 기간 동안 각국의 정상들과 귀족들의 사랑을 받아왔습니다. 우아한 과일향이 풍부한 피아 도르는 지금까지 줄곧 프랑스의 대표 와인으로 꼽히고 있습니다. 풍부하고 다양한 향과 맛 사이의 밸런스가 뛰어난 와인입니다.

이 와인의 포도는 프랑스의 남부 랑그독 루씨옹Languedoc-Roussillon 지역에서 재배됩니다. 이곳에서는 아로마가 풍부한 와인을 만들 수 있는 테루아가 형성되어 있습니다. 석회암으로 이루어진 토양과 일조량이 풍부한 지중해성 기후의 영향으로 잘 익고 튼실하며 다양한 맛을 내는 포도가 수확됩니다.

특히, 피아 도르 화이트는 밝은 노란색과 녹색을 띠고 있습니다. 신선한 시트러스와 배 향과 자몽의 신선함, 라이트 바디와 강하면서도 크리스피함(청량감)을 느낄 수 있습니다. 깨끗한 과일향이 나는 산뜻하고 신선한 와인입니다. 이 와인 한 잔이면 모든 근심이 사라지고 내 안의 또 다른 내가 나에게 말을 걸어올 것입니다.

6. 와인과 함께 행복한 고독의 순간을 즐기고 싶을 때

레스토랑에서 일하던 시절, 제게는 단골 고객이 여럿 있었습니다. 다양한 분야에서 다양한 일을 하시는 분들을 만난 경험은 제 인생에서 큰 행운이자 축복이었습니다. 그 많은 고객 중에서도 유난히 제 시선을 끌었던 분이 있었습니다. 그분은 사업가로 일주일에 두 번 정도 제가 일하는 레스토랑을 찾았습니다. 대부분 접대하는 고객을 모시고 왔지만, 가끔 혼자 올 때도 있었습니다. 성격이 밝고 호방했으며, 풍채도 우람해서 다른 사람들과 함께 있어도 유독 눈에 띄었습니다. 그리고 항상 활력이 넘쳤습니다.

그러나 이상하게도 레스토랑에 혼자 올 때에는 전혀 다른 사람 같았습니다. 의자 깊숙이 몸을 파묻고, 깊이 생각에 잠긴 듯 미동도 하지 않는 모습에서 가늠하기 어려운 외로움이 느껴졌습니다. 그렇게 혼자 한두 시간 정도 와인을 마시고 나서 일어나면 마치 깊은 잠에서 깬 듯이 크게 기지개를 켜곤 했습니다. 그분과 친해지고 나서 제가 혼자 와서 와인을 마시는 이유를 물었더니 이렇게 대답했습니다.

"제가 혼자 와인을 마시는 순간은 행복한 고독의 순간이기 때문이죠."

뭔가 멋진 대답이었지만, 저는 그 말의 의미를 이해하지 못했습니다.

사람은 절대로 혼자 살 수 없는 존재입니다. 수많은 사람과 관계를 형성하고 그 관계 속에서 살아갑니다. 그런 관계의 망에서 벗어나 혼자 남을 때 우리는 외로움을 느낍니다. 외로움은 영혼을 지치게 하고, 삶을 피폐하게 합니다. 어떤 사람은 외로움을 견뎌내지 못하고 극단적인 선택을 하여 영영 돌아올 수 없는 길을 택하기도 합니다.

수많은 사람의 사랑을 받으며 외로움과는 거리가 먼 것 같은 연예인이 때로

극단적인 선택을 하는 것도 외로움에서 비롯된다고 합니다.

절망적인 외로움을 극복하려면 어떻게 해야 할까요? 아이러니하게도 혼자 있는 시간이 필요합니다. 우리는 혼자 있을 때 비로소 우리 자신의 가치를 새롭게 발견합니다. 혼자 있을 때 내 안에 있는 나를 만날 수 있기 때문이죠. 내 안의 나를 만날 때 우리는 절대로 외롭지 않습니다. 이것이 바로 그분이 말했던 '행복한 고독의 순간'이었던 것 같습니다.

이런 순간을 가장 의미 있게 빛내줄 멋진 와인이 있습니다. 내 안의 나를 만날 때 너무 강한 와인은 조용하고 사색적인 순간을 방해할 수 있습니다. 나를 배려하는 와인, 섬세하게 내 영혼을 어루만져주는 와인, 잔잔한 호수처럼 평안을 주는 와인, 잘 숙성된 피노누아 Pinot Noir를 추천합니다.

피노누아는 내게 행복한 고독의 의미를 알려준 사람, 지금 고독이 필요한 사람에게 선사하고 싶은 와인입니다. 미국 오레곤에서 온 크리스톰 피노누아, 그를 한번 만나보세요.

입안에서 느껴지는 화려하면서도 우아한 맛과 향이 견고한 와인의 골격에 잘 서려 있습니다. 계피와 붉은 베리의 향미가 인상적이고, 화려한 꽃냄새가 세파에 쏠리고 지쳐서 쓰러졌던 내 안의 나를 일으켜세워줍니다.

7. 존경하는 분께 고마움을 표시하고 싶을 때

사람이 살아가면서 누군가 존경하는 사람이 있다는 것은 아름다운 일입니다. 게다가 그분을 가까이할 수 있다면, 그것은 아주 큰 행운이라고 할 수 있겠죠. 존경하는 분께 존경심을 표시하는 것은 인간의 본분이기도 합니다. 역사적으로 위대한 인물을 존경할 수도 있겠지만, 우리 주변을 둘러보면 존경할 만한 분이 많이 있습니다. 그분들은 어려운 철학을 말하지도 않고, 거대한 꿈을 강요하지도 않지만, 우리 삶에 등대와 같은 존재가 되기도 합니다. 우리는 바쁘고 기쁠 때에는 잊고 지내다가도, 실의에 빠지거나 외로울 때 이런 분들을 찾곤 합니다. 그래서 때로는 염치 없고 미안한 마음에 피하고 싶기도 하고, 찾아뵙기가 송구스럽기도 합니다.

그런 분들은 우리가 표현하는 존경심을 쑥스러워하십니다. 그래서 어쩌다 찾아뵈면 뭐하러 힘든 걸음을 했느냐며 나무라시기도 합니다. 그러나 내가 지치고 좌절할 때 그분들은 언제나 그 자리에서 내 손을 따뜻하게 잡아주십니다. 그들분 앞에만 서면 나는 어린아이이고, 철부지이고, 신입사원일 뿐입니다. 그분들은 은사, 직장 상사, 선배, 멘토라는 이름으로 남아 있습니다. 그런 분들께 좋은 와인으로 고마운 마음을 표현하고 싶다면, 전통과 역사가 있는 와인, 오래 기억될 최고의 와인이 좋을 것 같습니다. 너무 가볍거나, 쉽사리 변하는 와인은 어울리지 않겠죠.

토마스 바통 리저브 Thomas Barton Reserve는 1725년 아일랜드에서 프랑스로 건너와 B&G를 설립한 토마스 바통을 영원히 기리기 위해서 만들어졌습니다. 그는 유럽의 고급스러운 와인을 찾던 중요한 고객들에게 신뢰를 쌓으면서 빠르게 성장했으며, 보르도의 가장 유명한 와인 판매상 가운데 한 사람이 되었습니다. 그는 상업적으로도 성공했을 뿐 아니라, 보르도 와인의 질을 한

단계 끌어올리는 데에도 많은 공헌을 했습니다.

18세기 초 토마스 바통은 메독 개발의 최일선에 섰던 개척자로 추앙되었을 뿐 아니라, 생산 지역에 대한 해박한 지식을 갖추고 있었고, 와인 메이커로서 대단한 명성을 얻었기에 그를 롤모델로 삼은 와인 전문가도 많았습니다.

토마스 바통 리저브 프리베 메독Thomas Barton Réserve Privée Médoc은 그의 기술과 철학을 그대로 담고 있습니다. 이것은 오래된 포도나무에서 가장 잘 익고 튼실한 포도를 소량만 수확해서 전통적인 방법으로 발효시키고 18개월 동안 프랑스 오크통에서 숙성시킨 와인입니다.

카베르네 소비뇽 60%와 메를로 40%의 조화로 진한 루비빛 붉은색을 띠고 있습니다. 블랙 커런트와 후추 아로마가 강하게 느껴지며, 잔을 살짝 흔들면 모카와 세련된 토스티한 향이 풍겨나와 아주 좋은 느낌을 줍니다. 풀바디하면서도 부드러운 풍미를 입안 전체에서 느낄 수 있으며 깨끗한 느낌의 피니쉬가 오래 지속됩니다.

8. 사랑하는 사람에게 프러포즈할 때

세상에는 아름다운 사람만큼이나 많은 아름다운 사연이 있습니다. 그리고 그 아름다운 사연은 대부분 사랑 이야기입니다. 사랑에도 여러 종류가 있겠지만, 남녀의 사랑 이야기는 늘 우리 가슴을 설레게 합니다. 춘향이와 이도령, 로미오와 줄리엣, 아벨라르와 엘로이즈와 같은 연인들의 운명적인 사랑이 아니더라도 우리 주변에는 선남선녀의 사랑 이야기가 끊이지 않습니다.

청춘남녀의 사랑 이야기에서는 프러포즈가 하나의 정점을 이루죠. 요즘은 남녀 간의 가장 감동적인 사건이 되어야 할 프러포즈조차도 이벤트 회사에서 상품으로 판매하여 씁쓸한 기분이 들기도 합니다만, 프러포즈를 그만큼 중요한 과정으로 생각한다는 것만은 분명한 사실인 것 같습니다.

프러포즈하는 사람은 사랑을 고백하고, 상대가 자기 마음을 받아주기를 기다립니다. 프러포즈는 상대에 대한 감정이 우정이나 풋사랑의 수준을 넘어서, 두 사람이 미래를 함께 설계하는 더욱 친밀한 관계로 발전하는 결정적인 터닝포인트turning point가 됩니다.

이처럼 중요한 계기에는 그에 걸맞은 와인을 선택하는 것이 좋겠죠. 나의 사랑을 가장 잘 표현할 수 있는 와인, 경쾌하면서도 진지하고 진솔하면서도 재미있는 와인, 조화롭고 의미 있는 와인이 좋을 것 같습니다.

이런 경우에 저는 보리우 빈야드Beaulieu Vineyard/B.V.를 추천하고 싶습니다. 20세기 초 캘리포니아에 도착한 드 라투르 부부가 나파밸리에서 만들어낸 이 최초의 리저브 와인은 아내 페르낭드가 남편 조르주의 이름을 따서 '조르주 드 라투르'라는 라벨을 만들었습니다. 송이를 손으로 하나하나 따서 수확한 포

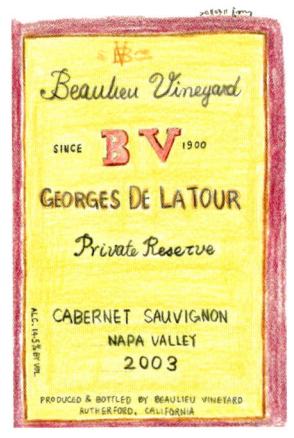

도를 원료로 오크통에서 20개월 숙성시켜 전체적으로 진한 루비 색깔을 띠는 이 와인은 짙은 베리류의 신선한 향과 바이올렛 꽃향기로 마치 두 사람의 만남을 축복하기 위해 특별히 만든 것처럼 느껴집니다. 부드러운 느낌과 묵직한 바디는 사랑이 영원하리라는 예감마저 들게 합니다.

드 라투르 부부의 애틋한 사연에서 탄생한 이 와인에는 사랑과 존경이 그대로 녹아 있습니다. 그래서인지, 처음 출시된 지 100년이 넘은 지금도 부부간의 사랑을 이야기할 때면 많은 이가 시간과 공간을 초월하여 이 와인을 떠올리곤 합니다.

프러포즈는 이전 관계의 끝이 아니라 새로운 관계의 시작을 의미합니다. 가슴 떨리는 사랑 이야기의 끝이 아니라, 더 깊은 사랑 이야기의 시작입니다. '조르주 드 라투르'라는 명품 와인을 만든 부부의 사랑이 그랬던 것처럼.

9. 애인의 생일을 축하할 때

애인의 생일은 왠지 화려해야 할 것 같습니다. 사랑하는 사람에게는 항상 기쁘고 즐거운 날만 계속되었으면 좋겠습니다. 사랑하는 사람이 이 세상에 온 것은 내게 축복입니다. 이런 축복받은 날을 축하해야겠지요? 내 마음속의 사랑과 행복을 어떻게 표현할 수 있을까요? 화려한 꽃을 한아름 안겨주고 싶습니다. 그리고 그에 못지않게 화려한 샴페인으로 기념하고 싶습니다.

페리에 주에 벨 에포크Perrier-Jouët Belle Epoque는 프랑스 와이너리 가문의 자손 피에르 니콜라 페리에Pierre Nicolas Perrier와 아델 주에Adèle Jouët가 결혼하면서 1811년 설립한 샴페인 하우스입니다. 이 샴페인은 연한 초록색 병 가득 흰색 아네모네 꽃이 그려져 있어 마치 한 편의 명화를 보는 듯한 느낌이 듭니다. 이것은 유리공예가인 에밀 갈레Emile Gallé가 디자인한 '작품'입니다. 페리에 주에는 이런 화려한 패키지 덕에 오래전부터 전 세계 유명인들이 사랑하는 샴페인으로 명성을 쌓아 왔죠. 외모만 아름다운 것이 아니라, 포도 작황이 좋지 않은 해에는 샴페인을 만들지 않을 만큼, 고집스러운 신념으로 품질을 관리해 왔기에 어떤 병을 선택하든 만족스러운 맛과 향을 즐길 수 있는 흔하지 않은 샴페인 중 하나입니다.

이 와인은 샤르도네 50%, 피노 누아 45%, 피노 뫼니에Pinot Meunier 5%로 블랜딩하여, 섬세함과 우아함을 고루 갖춘 뛰어난 맛과 향을 자랑합니다. 일찍이 유럽 왕족들이 선호한 최상의 샴페인으로, 빅토리아 여왕, 로얄 워런트 수상, 나폴레옹 3세, 레오폴드 1세에게서 각별한 사랑을 받기도 했습니다.

'아름다운 시절' 이라는 뜻의 벨 에포크Belle Époque는 옥빛이 감도는 밝고 옅은

노란색이 라이트하고 순수한 느낌이 듭니다. 처음에는 아무 향도 없는 것처럼 느껴지지만, 곧 감귤류와 복숭아, 배 등의 신선한 과일향과 이국적인 과일향이 은은하게 퍼집니다. 많은 함량의 피노 누아가 부드러운 맛으로 와인의 전체적인 틀을 구성하고, 소량의 피노 뫼니에가 다양한 요소들을 한데 어우르면서 부드럽게 무게를 더합니다. 입안에 퍼지는 풍부한 향은 우아함과 통일성을 유지하면서 최상의 와인을 완성하죠.

이 샴페인을 한 모금 마시는 순간, 머릿속에서는 예쁜 꽃밭에 은하수가 내리는 그림이 그려집니다. '벨 에포크'라는 이름이 말해주듯, 당신과 함께하는 이 순간이 바로 내 인생의 '화양연화(花樣年華)'입니다.

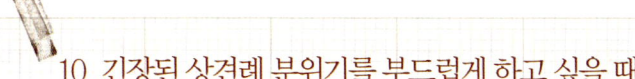

10. 긴장된 상견례 분위기를 부드럽게 하고 싶을 때

레스토랑에서 서비스하다 보면, 매우 조심스러운 상황에 놓일 때가 있습니다. 그중에서도 상견례처럼 어려운 자리도 흔하지 않죠.
결혼을 '인륜지대사(人倫之大事)' 라고 했던가요. 좋은 인상을 심어줘야 하고, 혹시라도 실수를 저지르면 큰 낭패를 볼 수도 있는 자리에서 두 집안사람들이 마주 앉은 분위기는 시종 경직된 채 부자연스럽습니다.

오래전 이야기지만 저도 집사람과 결혼하기 전에 양가 부모님을 모시고 상견례를 했습니다. 장소는 천호동 근처에 있는 양식당이었습니다. 저희 아버지는 술을 무척 즐기시는 편이었지만, 장인어른께서는 정반대였습니다. 제가 형제 중에서 막내였으므로 아버지는 이미 다섯 번의 상견례를 치르고 나서 여섯 번째 자리에 나오신 참이었고, 장인어른은 처음 치르는 상견례 자리였습니다. 양가의 가족이 첫 대면하는 자리여서 모두 긴장하고 있었지만, 저희 아버지만은 몇 차례 경험 덕분인지, 혹은 원래 무덤덤한 시골 분이어서 그런지, 여유가 있어 보였습니다.

양가 가족들이 정중하게 서로 인사하고 나자, 아버지는 제게 술을 주문하라고 하셨습니다. 좋은 자리에는 당연히 술이 있어야겠죠. 제가 맥주를 주문하려 하자, 아버지는 소주를 주문하라고 하셨습니다. 아마도 미래의 사돈에게 친근한 모습을 보여주고 싶었던 것 같습니다.
그런데 문제는 장인어른이 술에 약하시다는 데 있었습니다. 아버지는 연거푸 건배를 외치셨고 장인어른은 마지못해 술잔을 드셨습니다. 분위기는 화기애애했지만, 양가 어머니들께서는 남편에게 눈을 흘기시기에 바빴습니다. 물론 저의 아내도 안절부절못했습니다. 별다른 사고 없이 상견례는 잘 마쳤지만 지금 생각해도 아찔하기만 합니다. 그때 제가 와인에 대해 잘 알고 있었더라면 그토록 조마조마하게 마음 졸이지 않아도 되었겠죠.

결혼은 당사자 두 사람만의 일이 아닙니다. 두 가족이 만나 새로운 가족을 만들어 가는 출발점이죠. 가족은 서로 배려하고 인내할 때 행복을 느낄 수 있습니다. 와인도 마찬가지입니다. 서로 전혀 다른 캐릭터가 만날 때 불협화음이 생길 수도 있지만, 완벽한 조화를 이룬다면 더 큰 감동을 줍니다.

오퍼스 원Opus One은 미국 캘리포니아 나파 밸리의 로버트 몬다비Robert Mondavi의 이름에서 따온 로버트 몬다비 와이너리와 프랑스 보르도의 그랑크뤼 일등급 와인을 만들어내는 '샤토 무통 로쉴드Château Mouton Rothschild'가 만나 조화를 이룬 멋진 작품입니다. 이 와인은 프랑스 보르도의 땅과 미국 캘리포니아의 태양의 만남으로 이루어졌습니다.

알마비바Almaviva는 프랑스의 바롱 필립 드 로쉴드Baron Philippe de Rothschild사와 칠레의 비냐 콘차 이 토로Viña Concha y Toro사가 1997년 합작하여 1998년부터 생산하기 시작한 와인입니다. 구대륙과 신대륙의 두 와인 강국의 합작으로 새로운 와인이 탄생한 것이죠. 포도 역시 각기 개성이 뚜렷한 카베르네 소비뇽, 카르메네르Carménère, 카베르네 프랑Cabernet Franc, 메를로 프티 베르도Merlot Petit Verdot의 조화로 만들어집니다.

두 가족이 새로운 한가족으로 다시 태어나는 자리에는 의미있는 최고의 와인입니다.

11. 발렌타인 데이를 기념하고 싶을 때

나이 드신 분들은 대부분 못마땅하게 여기시지만, 발렌타인 데이가 서로 사랑하는 젊은 남녀 사이에서 중요한 명절로 자리잡은 지는 이미 오래되었습니다. 젊은이들은 매년 2월 14일이 되면 달콤한 초콜릿과 선물을 주고받으며 사랑을 확인합니다.

발렌타인데이의 유래에 대해서는 로마시대에 남자들을 군대에 더 많이 입대시키려고 결혼을 금지한 황제 클라우디우스 2세의 명령을 어기고 군인들의 혼배성사를 집전한 성 발렌티누스의 순교일인 2월 14일을 기념하는 날이라는 주장도 있고, 서양에서 새들이 교미를 시작하는 날을 2월 14일로 믿은데서 비롯했다는 주장도 있습니다.

그리고 초콜릿을 선물하는 관습은 원래 19세기 영국에서 시작되었는데, 일본의 한 제과업체가 초콜릿을 선물하여 사랑을 고백하자는 캠페인을 벌이면서부터 사랑을 고백하는 날로 자리를 잡았죠. 제과업체들이 이날을 상업적으로 이용한다고 해서 말이 많긴 하지만, 젊은 청춘들에게는 사랑을 고백하고 확인하는 특별한 날이 된 것은 부정할 수 없는 사실입니다.

이날, 초콜릿만으로 사랑의 감정을 표현을 하기에 한계가 느껴지는 분에게는 사랑의 전령을 삼을 만한 특별한 와인 하나를 추천합니다.

샤토 칼롱-세귀르Château Calon-Ségur는 발렌타인 데이에 특별한 사랑을 고백하기에 부족함이 없는 와인입니다. 이 와인은 메독 그랑크뤼 3등급 와인으로 생테스테프Saint-Estèphe 최고의 와인 중 하나 입니다.

세귀르 후작은 메독의 1등급 와인인 샤토 라투르Château Latour와 샤토 라피트 로쉴드Château Lafite Rothschild를 함께 소유하고 있었습니다. 그러나 "나는 라피트

와 라투르에서 와인을 만들지만, 내 마음은 칼롱에 있다."라는 말을 남길 정도로 이 와인에 애착을 보였죠.

라벨에는 성의 전경을 스케치한 그림이 들어 있습니다. 편안한 구조의 2층으로 설계된 성 주변에는 나무들이 보이고 전면에는 포도나무 밭이 펼쳐져 있습니다.

꾸밈없는 소박한 그림입니다. 어떻게 보면 촌스럽게 보이는 하트 모양에 '칼롱 세귀르'라는 이름과 마을 이름이 명시되어 있습니다. 바로 이 하트가 후작이 말했던 '그의 마음'입니다. 라벨은 이 하트 하나만으로도 소유주였던 세귀르 후작의 마음을 기리는 불멸의 상징이 되었습니다.

이 와인은 깊고 진한 루비빛을 자랑하며 마른풀 향, 스파이시한 향신료의 향, 블랙 체리잼의 농축된 향, 카시스의 향 등이 조화롭게 어우러져 있습니다. 게다가 잘 익은 과일에서 느낄 수 있는 타닌이 오랫동안 입안을 가득 채우는 아주 훌륭한 와인으로 특별한 날, 특별한 사람에게 나의 특별한 마음을 표현하기에 모자람이 없습니다.

12. 사랑했던 사람과 쿨하게 헤어질 때

'인간은 사회적 동물'이라고 정의한 철학자 아리스토텔레스의 말을 구태여 인용하지 않아도, 인간에게 사회적 관계가 얼마나 중요한지는 새삼 강조할 필요가 없을 겁니다. 우리는 살아가면서 수많은 사람을 만납니다. 그러나 만남이 잦은 만큼, 헤어짐 또한 피할 수 없죠. 결국, 우리 인생은 만남과 헤어짐의 연속입니다.

와인의 첫맛과 끝맛(피니쉬) 중에서 어느 것이 더 중요하냐는 질문이 어리석은 것처럼, 만남과 헤어짐 중 어느 쪽이 더 중요하냐는 질문은 무의미합니다. 그러나 굳이 이런 질문에 대답해야 한다면, 저는 헤어짐이라고 말하고 싶습니다. 우리는 늘 새로운 만남에 대한 기대로 마음이 설레지만, 세상에 영속한 만남은 없습니다. 누구나 예외 없이 부모 곁을 떠나거나, 이사하거나, 직장을 옮기거나, 다른 사람과 결혼하거나, 이혼하거나, 죽습니다. 누구도 자기 삶에서 헤어짐을 피할 수 없죠. 그리고 헤어진 사람은 그가 남긴 마지막 모습으로 기억되게 마련입니다. 그래서 늘 이별을 준비하는 마음으로 살아가고, 아름답게 헤어지는 지혜가 설레는 만남보다 더 중요하다고, 저는 믿습니다.

좋은 와인은 첫맛도 중요하지만, 여운이 남아야 훌륭하다는 찬사를 받을 자격이 있습니다. 인간관계도 마찬가지가 아닐까요? 처음 만나는 사람, 지금 만나는 사람에게 정성을 들이고, 좋은 인상을 주려고 애쓰는 것은 당연한 일입니다. 그러나 다시 보지 않을 사람을 배려하고, 그의 마음을 헤아리기는 쉽지 않습니다.

와인과 마찬가지로 훌륭하다고 평가받는 사람을 보면, 후회나 원망이나 앙금 없이 헤어집니다. 이별에도 기술이 있습니다. 그래서 우리는 이런 사람들의 헤어짐을 아름답다고 묘사하기도 합니다.

사랑하는 사람과의 이별은 몹시 가슴 아픈 일입니다. 그래서 많은 사람이 실연으로 깊은 시름에 빠지기도 합니다. 그러나 돌이킬 수 없는 이별이라면, 이별도 만남의 한 부분이라고 생각하고, 멋지게 헤어지는 방법을 찾는 것이 현명합니다.

어쩌면 만남은 헤어짐의 다른 말일 수도 있습니다. 만남이 나의 존재를 상대의 한 부분이 되게 하고, 상대의 존재가 내 세계의 일부가 되는 현재진행형의 과정이라면, 헤어짐은 상대를 나의 기억에서 추억이라는 이름으로 영원히 남게 하는, 미래를 만드는 과정입니다. 아름다운 헤어짐에서 우리는 진정한 사랑과 배려를 배울 수 있습니다.

그래서 이별의 자리에는 아름다운 와인이 필요합니다. 저는 이별의 와인으로 샴페인 모엣 샹동 Moët & Chandon을 추천합니다. 섬세하게 피어 오르는 버블, 과일향과 꽃향기, 그리고 신선함이 오랫동안 지속하는 미묘한 브리오슈 brioche 색의 이 액체는 아름다웠던 우리의 지난날을 이야기하는 듯합니다.

모엣 샹동은 샤르도네와 피노누아, 피노 뫼니에로 블렌딩한 샴페인으로 260년의 전통을 자랑합니다. 그래서 루이 15세와 그의 연인 마담 퐁파두르도 연회에 즐겨 사용했고, 나폴레옹도 황제의 자리에서 물러나기 전 여러 차례 모엣 가를 찾을 정도로 풍미가 뛰어난 와인입니다. 특히, 샴페인으로서는 드물게 1842년산 빈티지를 처음 세상에 내놓았고, 1860년대에는 오늘날에도 유명한 브뤼 임페리얼 Brut Impérial을 출시했습니다. 1930년에는 외젠 메르시에Eugène Mercier에게서 동 페리뇽Dom Pérignon 상표권을 인수해서 1936년 처음으로 이 샴페인을 선보이기도 했습니다. 동 페리뇽은 샹파뉴 지방 오빌리에Hautvillliers 수도원의 와인 담당 수도사였던 동 피에르 페리뇽의 이름을 따서 지었습니다. 그는 적포도로 레드 와인을 만들다가 실수하여 결국, 샴페인을 탄생시켰다는 유명한 일화의 주인공이지요. 와인의 코르크 마개를 처음 발명한 사람으로도 유명합니다.

모엣 샹동의 아름다운 향과 신선함은 행복했던 시절에 대한 아쉬움이 남지만, 이제 사라지는 버블처럼 서로를 잊어야 하는 두 사람의 운명을 말해주는 듯합니다.

13. 명절에 온 가족과 함께 즐기고 싶을 때

설과 추석은 우리 민족의 2대 명절입니다. 유교적 도덕관이 면면히 살아 있는 우리나라에서는 명절만 되면 서양인들은 도저히 이해할 수 없는 민족 대이동이 시작되지요. 그리고 온 가족이 모여 서로 소식을 전하고, 지난날을 돌아보고, 울고 웃으며 이야기꽃을 피웁니다. 아! 험한 세상을 살아가다가 가족의 품에 안길 때처럼 푸근하고 행복한 시간이 또 있을까요. 그래서 고향으로 가는 차표를 구하지 못한 자식들은 발을 동동 구르고, 늙으신 부모님은 먹을거리를 바리바리 싸서 역귀성을 하시는 모양입니다.

그러나 호사다마(好事多魔)라고 했던가요. 명절에는 좋은 일만 있는 것은 아니죠. 어느 집안이나 근심도 있고 반목도 있지만, 무엇보다도 명절 증후군은 매년 피할 수 없는 고비가 됩니다. 특히, 명절은 여성들의 불만이 터져 나오는 시기이기도 하죠. 제사 준비에 손님 접대에 자질구레한 가사를 도맡아야 하는 여자들은 놀고, 마시고, 먹어대는 남자들을 보면 화가 치밉니다. 한시라도 빨리 친정에 가서 부모님과 형제들을 만나고 싶지만, 남편은 좀처럼 자리에서 일어날 생각을 하지 않습니다. 그렇다고 해서 본가(本家)를 찾은 남편의 처지가 그리 편한 것도 아니건만, 아내는 남편이 얄밉기만 합니다. 가부장적(家父長的) 문화에서 소외감을 느끼는 며느리들은 분노가 폭발하고, 평소에 사이가 좋지 않았던 부부간에는 때로 심각한 싸움이 일어나 이혼에 이르기도 합니다. 명절 이후에 이혼률이 부쩍 증가하는 현상은 언론에도 자주 보도되곤 하지요.

저의 지인 중 한 분은 명절 증후군을 와인으로 극복한다고 합니다. 음식 준비가 끝나면 가족이 모두 모여 간단한 명절 음식이 차려진 상 앞에 앉습니다. 그러면 이분은 마치 노련한 웨이터처럼 식구들 앞에 투명한 와인 글라스를 정성스럽게 올려놓습니다. 며느리들은 어르신의 그런 모습만 보아도 고된 일을 하면서 느꼈던 피로감이나 억울함이 눈 녹듯 사라지는 것을 느낀다고 합니다. 가장은 드디어 서비스의 백미(白眉)를 보여줍니다. 준비한 와인을 꺼내 품위 있게 오픈하고, 부인과 며느리들에게 수고했다는 눈빛을 보내며 한 잔, 한 잔 따라주는 것이죠. 여자들의 얼굴에 행복한 미소가 번지는 것은 두말할 나위도 없습니다.

명절 음식을 준비하면서 몸에 배었던 기름 냄새가 와인의 달콤한 향으로 순식간에 사라지는 느낌이 듭니다. 평생 아버님 시중에 지친 어머니도 예쁜 선홍색 와인이 내미는 유혹의 손길을 뿌리치지 못합니다. 아이들은 물을 타서 묽게 한 와인 잔을 들고 할아버지의 건배 제의에 따라 난생처음 와인을 음미합니다.
아! 달콤합니다. 상큼합니다. 그동안 쌓였던 명절의 피로가 와인 한 모금으로 저 멀리 사라지는 느낌입니다. 온종일 맡았던 기름 냄새가 쫓아버렸던 식욕이 다시 찾아옵니다.

이런 자리에는 약 발포성 달콤한 이탈리아산 레드 와인 엔젤하트 브라케또 Angel Heart, Brachetto 가 제격입니다.

브라케또의 체리향은 기름 냄새를 쫓아버리고, 신선한 신맛과 달콤함, 그리고 약간의 탄산이 느끼한 음식도 밝고 신선하게 바꾸어놓습니다. 온 가족의 얼굴에 행복한 웃음이 가득합니다.

이 와인에는 사랑의 표시인 하트가 예쁘게 그려져 있습니다. 천사의 마음 (Angel Heart)처럼 온 가족을 사랑으로 이어주는 행복의 상징입니다.

14. 자녀의 생일을 특별히 축하해주고 싶을 때

요즘은 여러 가지 이유로 아기 낳기를 꺼리는 젊은 부부가 많습니다. 그러나 자식이 주는 행복감은 무엇과도 비교할 수 없음을, 부모가 되어 본 사람은 알 수 있습니다. 예쁜 아기가 나를 보고 웃어 주고, 나의 품에서 잠들 때 이 세상 모든 것을 다 가진 듯한 기분이 듭니다. 우리 아기에게는 세상에서 가장 아름다운 것을 주고 싶습니다.

어느새 아기는 자라 학교에 가고, 사랑하는 사람을 만나고, 결혼해서 자기 가정을 꾸리고 부모 곁을 떠납니다. 하지만 부모에게 자식은 언제나 자식일 뿐입니다. 부모가 자식에게 남겨줄 수 있는 가장 소중한 유산은 돈이나 물질이 아닙니다. 그것은 함께했던 순간들, 함께 나누었던 추억들입니다. 어차피 부모는 시간이 지나면 자식과 영원히 작별하는 것이 당연한 이치입니다. 부모님이 세상에 계시지 않더라도 자식들의 마음속에서는 부모와 함께한 추억이 영원히 남게 됩니다. 그때를 위해 미리 와인을 준비해 둔다면, 자식은 매년 아주 특별한 생일을 맞게 되겠지요.

유대인 로쉴드 가문을 일으켜세운 사람은 마이어 암셀 로쉴드 Mayer Amschel Rothschild입니다. 은행가인 그에게는 다섯 아들이 있었는데 이들은 런던, 프랑크푸르트, 빈, 나폴리 등 세계 각지에 뿔뿔이 흩어져 살고 있었습니다. 그러던 어느 날 죽음을 앞둔 마이어 암셀 로쉴드는 다섯 아들을 한 자리에 불러 모았습니다. 그리고 각자에게 화살을 하나씩 나눠 주고 나서 꺾어 보라고 했습니다. 자식들은 모두 힘들이지 않고 화살을 꺾었습니다.
그러자 아버지는 자식들에게 다섯 대의 화살을 모두 모아 한꺼번에 꺾으라고 했습니다. 그러나 다섯 명의 아들 중에서 아무도 다섯 대의 화살을 동시에 꺾지 못했습니다. 이를 본 아버지는 입을 열었습니다. "너희가 세계 각지에 흩어져 살더라도 모두 힘을 합하면 이 다섯 대의 화살처럼 누구도 꺾을 수 없을 것이다."

샤토 라피트 로쉴드. 이 와인은 짙은 자줏빛을 띠는 진한 루비색에 섬세하면서도 견고한 구조를 자랑합니다. 타닌이 매우 잘 짜여져 있으며 자두, 흑연, 향신료의 복합적인 향을 느낄 수 있습니다. 순수하면서도 절제된 느낌이 드는 와인으로 피니쉬가 매우 길고 25~50년 이상 장기 숙성할 수 있는 와인입니다.

이 와인을 자녀가 태어난 해와 같은 빈티지로 두 박스 정도 사서 숙성시킵니다. 그리고 아이가 자라 성년이 되면, 매년 생일에 맞춰 한 병씩 오픈해 가족들과 함께 즐깁니다. 성숙하는 아이와 함께 숙성되던 와인, 와인이 숙성되듯, 차츰 성숙해 가던 자식의 성장 과정 이야기를 들려주는 것은 큰 기쁨이 될 것입니다. 그리고 남은 와인을 자식의 결혼식에 몇 병 내놓으면 어떨까요? 오랜 세월이 흘러 부모가 세상을 떠나도 자식은 라피트를 볼 때마다 부모와 함께했던 어린 시절의 추억을 떠올리겠죠.

상황별 문답 쉽게 찾아보기

Case 1 소개팅에 나갈 때

Q 3, Q 8, Q 13, Q 14, Q 67, Q 107, Q 256, Q 260, Q 261, Q 262.

Case 2 여자 친구 기념일때

Q 3, Q 8, Q 9, Q 13, Q 14, Q 107, Q 261, Q 266, Q 268, Q 273.

Case 3 친구들과의 모임

Q 3, Q 4. Q 6, Q 7, Q 8, Q 14, Q 107, Q 257, Q 261, Q 266.

Case 4 거래처와의 접대 시

Q 1, Q 4, Q 10, Q 67, Q 107, Q 246, Q 260, Q 266, Q 267, Q 268.

Case 5 와인 시음회를 갈 때

Q 2, Q 3, Q 56, Q 58, Q 64, Q 66, Q 68, Q 107, Q 285, Q 288, Q 290.

Case 6 직장에서 회식을 할 경우

Q 10, Q 68, Q 86, Q 87, Q 93, Q 107, Q 216, Q 252, Q 258, Q 262.

Case 7 집들이를 할 경우

Q 3, Q 68, Q 86, Q 93, Q 107, Q 216, Q 252, Q 258, Q 266.

Case 8 은사님을 초대했을 때

Q 3, Q 68, Q 79, Q 235, Q 246, Q 253, Q 258, Q 266, Q 267, Q 287.

질문 목차

제1부

Q1. 와인 글라스는 어떻게 잡아야 하나요? 17
Q2. 와인 글라스 다리를 Q1처럼 잡아야 한다는 규정이 있나요? 19
Q3. 어떻게 하면 와인 글라스로 품위 있게 건배할 수 있나요? 20
Q4. 레스토랑에서 와인을 서비스 받을 때 와인 글라스를 잡아야 하나요? 21
Q5. 레스토랑에서 와인 서비스가 잘 안 될 경우 직접 서비스해도 되나요? 21
Q6. 스탠딩 파티에서는 어떤 글라스를 선택하는 것이 좋을까요? 21
Q7. 스탠딩 파티에서 와인은 어떻게 받나요? 22
Q8. 와인 테이스팅은 왜 하는 건가요? 23
Q9. 파티에서 와인 테이스팅을 생략할 수 있나요? 23
Q10. 파티에서 와인 테이스팅은 누가 하는 것이 좋을까요? 24
Q11. 파티에서 감기로 입맛을 잃어 테이스팅하기 힘들 때에는 누구에게 부탁해야 하나요? 24
Q12. 레스토랑에서 와인을 테이스팅하고 맛이 없을 때에는 다른 것으로 바꾸어 달라고 할 수 있나요? 25
Q13. 와인 테이스팅을 하고 나서 어떤 표현을 해야 하나요? 25
Q14. 레스토랑에서 와인을 테이스팅하고 나서, 와인 상태가 이상하다면 어떻게 해야 하나요? 27
Q15. 와인 글라스는 테이스팅 할 때마다 바꿔야 하나요? 27
Q16. 와인 병 모양에는 어떤 것이 있나요? 29
Q17. 와인 병에도 이름이 있나요? 30
Q18. 와인 병의 이름은 어디서 유래했나요? 30
Q19. 와인 병 모양에 따라 와인이 다른가요? 31
Q20. 와인 병에 색깔이 들어간 이유가 있나요? 31
Q21. 와인 병에는 어떤 색들을 넣나요? 31
Q22. 와인 병은 유리로만 되어 있나요? 32
Q23. 와인 병은 사이즈가 다양합니다. 어떤 사이즈가 있죠? 33
Q24. 와인 병은 왜 750ml가 기준이 되었나요? 33
Q25. 병의 사이즈에 따라 와인 맛이 달라지나요? 34
Q26. 병의 무게는 얼마나 되나요? 34
Q27. 와인 병의 바닥이 오목하게 들어갔어요. 이 부분의 명칭이 따로 있나요? 35
Q28. 펀트는 왜 만들었나요? 35
Q29. 구체적으로 펀트가 와인에 어떤 영향을 주나요? 36
Q30. 비싼 와인의 펀트가 더 깊어요. 펀트의 깊이는 와인 가격에 비례하나요? 36
Q31. 샴페인 병의 펀트가 다른 와인 병에 비해 깊은 이유는 무엇인가요? 37
Q32. 와인 병 마개는 무엇으로 되어 있나요? 37
Q33. 코르크는 어떤 역할을 하죠? 38
Q34. 코르크의 길이가 긴 것이 비싼 와인인가요? 38
Q35. 어떤 것이 좋은 코르크인가요? 39
Q36. 위스키나 꼬냑 등 증류주에도 코르크 마개를 사용하는데, 와인 코르크와 차이가 있나요? 39
Q37. 와인을 보관할 때 눕혀놓아야 하는 이유가 코르크 때문이라는데 왜 그렇죠? 40

242

Q38. 와인을 오픈했을 때 코르크가 와인에 젖은 흔적이 있다면 그 와인은 상한 것인가요?   40
Q39. 와인의 캡슬(capseal)이 솟아오른 것은 왜 그런 건가요?   41
Q40. 어떤 이유로 코르키한 와인이 생기나요?   41
Q41. 와인을 오픈하기 전에 코르키한 것을 미리 알 수 있나요?   42
Q42. 코르크에는 어떤 내용이 적혀 있나요?   42
Q43. 리코르킹(re-corking)이란 무엇인가요?   42
Q44. 오래된 와인인데 양이 조금 줄었습니다. 이런 와인을 마셔도 되나요?   42
Q45. 와인 중에 마개가 플라스틱으로 된 것이 있는데 와인의 질과 관계가 있나요?   43
Q46. 스크루캡(screw cap)은 저렴한 와인에만 있나요?   43
Q47. 스크루캡의 와인도 오래 숙성시킬 수 있나요?   44
Q48. 샴페인을 비롯한 스파클링 와인은 왜 캡슬로 길게 싸여 있나요?   45
Q49. 샴페인 코르크를 감싸는 철사는 어떤 용도로 쓰이나요?   45
Q50. 샴페인의 병의 코르크가 일반 코르크보다 단단한 이유는 무엇인가요?   46
Q51. 샴페인 코르크의 모양이 각기 다른데, 샴페인의 종류에 따라 달라지나요?   46
Q52. 왜 눈을 가리고 와인 테이스팅을 하나요?   48
Q53. 블라인드 테이스팅 준비는 어떻게 하나요?   49
Q54. 수직 테이스팅과 수평 테이스팅은 무엇인가요?   49
Q55. 테이스팅은 어떻게 준비하나요?   49
Q56. 소믈리에는 중요한 테이스팅을 앞두고 양치를 하지 않는 것이 좋다던데, 사실인가요?   50
Q57. 소믈리에나 레스토랑에서 테이블 워터는 어떤 물을 말하나요?   50
Q58. 와인의 색은 어떻게 보는 것이 좋은가요?   51
Q59. 화이트 와인과 레드 와인의 색을 관찰하는 방법은 똑같은가요?   51
Q60. 포도 품종에 따라 와인 색에 차이가 있나요?   52
Q61. 와인 색과 맛은 상관관계가 있나요?   52
Q62. 숙성 정도에 따라서도 색의 차이가 있나요?   53
Q63. 와인의 향은 왜 구분하기가 어려운가요?   55
Q64. 향은 어떻게 맡아야 하나요?   55
Q65. 스월링은 왜 하나요?   55
Q66. 스월링하는 방법에는 어떤 것이 있나요?   56
Q67. 식사할 때 스월링을 해도 실례가 되지 않나요?   56
Q68. 와인의 향을 몇 차례에 걸쳐서 맡아야 하나요?   56
Q69. 와인외 향은 몇 가지가 있나요?   57
Q70. 와인 향의 아로마와 부케는 어떻게 다른가요?   57
Q71. 와인 향을 깊이 맡다보면 코가 쉽게 마비가 되는데 이럴 때에는 어떻게 하면 되나요?   58
Q72. 향을 잘 맡으려면 어떤 연습이 필요한가요?   58
Q73. 와인 맛은 어떻게 보는 것이 좋을까요?   59
Q74. 어느 정도 입에 담고 있어야 하나요?   59
Q75. 왜 공기를 빨아들이면서 혀를 굴려야 하나요?   59
Q76. 와인에서는 어떤 맛들을 느낄 수 있나요?   61
Q77. '드라이'한 맛은 어떤 맛인가요?   63
Q78. 와인의 '바디'는 무엇인가요?   63
Q79. 어떤 와인이 좋은 와인인가요?   63

243

제2부

Q80. 와인은 몇 도에서 마시는 것이 좋은가요?　71
Q81. 실온은 몇 도를 말하나요?　71
Q82. 와인 맛은 온도의 변화에 어떻게 반응하나요?　72
Q83. 와인 온도는 어떻게 조절하면 되나요?　73
Q84. 얼음이 없는 경우엔 어떻게 하면 되나요?　73
Q85. 샴페인이나 화이트 와인을 시원하게 마시기 위해 와인 글라스를 차게해서 마셔도 되나요?　74
Q86. 파티를 위한 와인은 얼마나 준비해야 하나요?　74
Q87. 와인 한 병은 몇 잔 정도가 나오나요?　74
Q88. 와인을 오픈하는 도구는 무엇이라고 하나요?　75
Q89. 전문가용 오프너 사용은 어떻게 하나요?　77
Q90. 오래된 와인은 코르크가 쉽게 부서집니다. 좋은 방법이 없을까요?　77
Q91. 코르크의 길이는 어떻게 알 수 있나요?　78
Q92. 실수로 코르크 부스러기가 떨어진 와인은 어떻게 해야 하나요?　79
Q93. 스크루캡 와인을 멋지게 오픈하는 방법이 있나요?　79
Q94. 스파클링 와인은 펑! 소리가 나게 오픈하는 것이 맞나요?　80
Q95. 스파클링 와인은 어떻게 오픈하면 되나요?　80
Q96. 스파클링 와인의 기압은 어느 정도인가요?　82
Q97. 와인을 서비스할 때 병을 두 손으로 잡아야 하나요?　82
Q98. 와인을 멋지게 서비스하는 법을 알려주세요.　83
Q99. 매그넘 이상 되는 무거운 병은 두 손으로 서비스해도 되나요?　83
Q100. 손님에게 와인을 서비스 받을 때에는 어떻게 하면 되나요?　83
Q101. 푸어러(pourer)는 무엇을 말하는 가요?　84
Q102. 오픈한 지 오래된 와인은 버려야 하나요?　85
Q103. 상그리아와 글루바인은 어떤 음료인가요?　85
Q104. 남은 와인은 그 밖에 어떤 용도로 사용할 수 있나요?　85
Q105. 와인을 요리 외에 다른 분야에도 사용할 수 있나요?　86
Q106. 와인과 음식이 이루는 좋은 궁합의 절대 원칙은 무엇인가요?　87
Q107. 마리아주를 할 때 세부적으로 고려해야 할 사항은 무엇인가요?　87
Q108. 화이트 와인은 생선과, 레드 와인은 고기류와 잘 어울린다고 합니다. 그 이유가 뭐죠?　89
Q109. 와인을 먼저 마시나요, 음식을 먼저 먹나요?　89
Q110. 고기와 생선을 함께 먹을 때에는 어떤 와인을 선택해야 하나요?　89
Q111. 와인과 음식은 같은 지역에서 생산된 것이 서로 잘 어울린다고 하던데, 그 이유가 뭐죠?　90
Q112. 마리아주에서 향의 조화는 어떻게 하나요?　90
Q113. 와인과 치즈는 왜 잘 어울리나요?　90
Q114. 디캔팅이란 무엇인가요?　92
Q115. 디캔팅을 하는 이유는 무엇입니까?　92
Q116. 디캔팅의 역사는 어떻게 되나요?　93
Q117. 와인을 찌꺼기와 함께 마시면 몸에 해로운가요?　93
Q118. 찌꺼기가 없는 화이트나 레드 와인도 디캔딩을 하나요?　93
Q119. 화이트 와인에 들어 있는 반짝이는 보석 같은 것은 무엇인가요?　94

Q120. 올드 와인은 무엇을 말하나요? 94
Q121. 와인이 몇 년 정도 되어야 올드 와인이라고 불리나요? 94
Q122. 디캔딩하는 와인과 브리딩하는 와인의 차이는 무엇인가요? 95
Q123. 디캔딩과 브리딩할 때 사용하는 디캔터는 같은 것을 사용하나요? 98
Q124. 샴페인도 디캔딩하나요? 98
Q125. 비싼 와인은 반드시 디캔딩해야 하나요? 98
Q126. 디캔터의 사이즈는 어떻게 되나요? 99
Q127. 올드 와인용과 영 와인용의 디캔터는? 99
Q128. 디캔터의 모양에 따라 용도가 달라지나요? 100
Q129. 좋은 디캔터의 조건은 무엇인가요? 100
Q130. 디캔터가 없을 때 무엇으로 대용할 수 있나요? 100
Q131. 와인을 디캔팅할 때 어떤 것들이 필요한가요? 101
Q132. 와인 테이스팅은 디캔팅 이후에 하는 것이 좋은가요? 101
Q133. 디캔팅하는 순서는 어떻게 되나요? 101
Q134. 촛불은 어디에 놓아야 하나요? 102
Q135. 디캔팅할 때 와인을 디캔터의 어느 부분에 붓는 것이 좋은가요? 103
Q136. 와인 병을 높이 들어 올리고 와인을 디캔터에 떨어뜨려서 디캔팅하는 것이 좋은가요? 103
Q137. 디캔팅 시 병에 있는 와인을 모두 부어야 하나요? 103
Q138. 디캔터에 와인을 가득 채워야 하나요? 104
Q139. 와인 디캔팅 크래들(credle)이 무엇인가요? 104
Q140. 디캔터로 와인을 서비스할 때 두 손으로 해도 되나요? 105
Q141. 디캔팅이 끝난 빈 와인 병은 테이블에서 치워야 하나요? 105
Q142. 사용하고 난 디캔터는 어떻게 세척하나요? 105
Q143. 디캔터에서 좋지 않은 냄새가 날 때 이것을 없앨 방법이 있나요? 106
Q144. 와인의 유통기한이 얼마나 되나요? 107
Q145. 와인은 부패하지 않나요? 108
Q146. 위스키를 포함한 증류주도 산화하나요? 108
Q147. '산화'는 무엇을 말하나요? 108
Q148. 와인은 어떻게 하여 산화하나요? 109
Q149. 와인이 산화하면 어떻게 변하나요? 109
Q150. 오픈한 와인은 얼마나 오랫동안 마실 수 있나요? 109
Q151. 오픈한 와인을 오래 보관하려면 어떻게 해야 하나요? 110
Q152. 오픈한 와인도 눕혀서 보관하나요? 110
Q153. 오픈한 와인의 공기 접촉을 막기 위해 촛농 등을 이용해 코르크와 함께 완전히 밀봉하면 안 되나요? 110
Q154. 와인을 오래 보관하기 위해서 냉동하면 안 되나요? 111
Q155. 오픈한 와인 병을 코르크로 다시 막으려고 하면 코르크가 잘 들어가지 않아요. 111
Q156. 와인을 보관하는 와인 셀러의 조건에는 어떤 것이 있나요? 112
Q157. 와인의 종류에 따라 적정 보관 온도가 각기 다른가요? 112
Q158. 와인 코르크에 곰팡이가 생기지 않게 하려면 습도를 없애야 하나요? 112
Q159. 빛은 와인에 어떤 역할을 하나요? 113
Q160. 보관 중인 와인에 진동은 어떤 효과가 있나요? 113
Q161. 향은 와인 보관에 어떤 영향을 미치나요? 113

245

Q162. 와인은 세워서 보관해야 하나요? 113
Q163. 일반 가정에서는 와인을 어디에 보관하는 것이 좋을까요? 116
Q164. 와인 보관 시 습도 조절이 어려운데 좋은 해결책이 없을까요? 117
Q165. 와인을 잘 보관하려면 와인 셀러를 구비해야 하나요? 117
Q166. 셀러 없이 와인은 얼마나 오래 보관할 수 있을까요? 118
Q167. 셀러에는 어떤 것이 있나요? 119

제3부

Q168. 와인과 포도주의 차이점은 무엇인가요? 125
Q169. 와인을 한마디로 정의한다면? 125
Q170. 발효와 부패는 어떻게 다른가요? 126
Q171. 막걸리를 '라이스 와인(Rice wine)'이라고 표기합니다. 막걸리도 와인의 종류인가요? 126
Q172. 집에서 포도에 소주를 넣어 만드는 포도주도 와인인가요? 126
Q173. 그렇다면, 집에서 와인을 만들 수 없나요? 127
Q174. 와인의 종류에는 어떤 것이 있나요? 127
Q175. 와인 재료가 되는 포도에는 어떤 품종이 있나요? 128
Q176. 스틸 와인이란 어떤 와인인가요? 128
Q177. 스틸 와인은 어떻게 만들어지나요? 128
Q178. 화이트 와인의 제조 과정은 어떻게 되나요? 129
Q179. 레드 와인 제조 과정은 어떻게 되나요? 130
Q180. 로제 와인은 어떻게 만들어지나요? 132
Q181. 샴페인은 어떤 와인을 말하나요? 132
Q182. 스파클링 와인은 다른 나라나 다른 지역에서 어떻게 부르나요? 132
Q183. 스파클링 와인은 어떤 것인가요? 133
Q184. 스파클링 와인은 어떤 맛인가요? 133
Q185. 스파클링 와인에 탄산가스는 어느 정도 들어 있나요? 133
Q186. 스파클링 와인을 만드는 방법은 어떤 것이 있나요? 135
Q187. 샴페인 제조 방법과 순서는 어떻게 되나요? 135
Q188. 주정강화 와인이란 무엇인가요? 138
Q189. 주정강화 와인에는 어떤 것이 있나요? 138
Q190. 포트와 셰리의 맛은 어떤가요? 138
Q191. 포트와 셰리의 제조과정은 어떻게 되나요? 138
Q192. 주정은 언제 첨가하나요? 139
Q193. 포트와 셰리는 어떻게 마시나요? 139
Q194. '테루아'란 무엇인가요? 140
Q195. 기후(天)는 와인에 어떤 영향을 주나요? 140
Q196. 척박한 땅에서 자란 포도가 좋은 와인을 만드는 이유는 무엇인가요? 141
Q197. 토양(地)에서 그 외에 중요한 요소로는 어떤 것이 있나요? 141
Q198. 테루아에서 사람(人)은 어떤 영향을 미치나요? 145
Q199. 좋은 테루아의 와인은 어떤 것을 말하나요? 145
Q200. 포도 종류는 몇 가지나 되나요? 146

Q201. '양조용'이란 어떤 용도를 말하는 것인가요? 146
Q202. 식용 포도로는 와인을 만들지 못하나요? 146
Q203. 포도는 어떻게 구성되어 있고, 각각의 부위에 어떤 성분이 들어 있나요? 146
Q204. 주요 포도 품종에는 어떤 것이 있나요? 147
Q205. 카베르네 소비뇽(Cabernet Sauvignon) 148
Q206. 메를로(Merlot) 148
Q207. 피노누아(Pinot Noir) 149
Q208. 시라/쉬라즈(Syrah/Shiraz) 150
Q209. 말벡(Malbec) 151
Q210. 가메(Gamay) 151
Q211. 샤르도네(Chardonnay) 152
Q212. 소비뇽 블랑(Sauvignon Blanc) 152
Q213. 세미용(Semillion) 153
Q214. 리슬링(Riesling) 153
Q215. 무스카데(Muscadet) 154
Q216. 와인 라벨에는 어떤 것들이 표기되나요? 155
Q217. 와인 라벨은 너무 복잡합니다. 왜 그렇죠? 155
Q218. 라벨에 기재된 연도는 무엇을 의미하나요? 157
Q219. 빈티지가 없는 와인도 있습니다. 가짜 와인은 아니겠죠? 157
Q220. 와인 병 뒷면에 있는 한글로 된 라벨은 무엇인가요? 157
Q221. 라벨에 '가정용'(음식점 주점 판매 불가)라고 표시되어 있는데 이 와인은 레스토랑에서 판매하는 것과 다른가요? 158
Q222. 라벨에 '이산화항 함유'라고 표시되어 있는데, 마셔도 괜찮은가요? 158
Q223. 와인 라벨을 쉽게 떼는 방법이 있나요? 163
Q224. 와인 라벨은 어떻게 보관하면 되나요? 164
Q225. 보르도 167
Q226. 부르고뉴 168
Q227. 이탈리아 168
Q228. 미국 169
Q229. 오스트레일리아 169
Q230. 와인 글라스는 왜 그렇게 종류가 많은가요? 170
Q231. 소주잔이나 맥주잔에 와인을 마시면 안 되나요? 171
Q232. 종이컵에 와인을 마시면 왜 와인의 향이 느껴지지 않나요? 172
Q233. 와인 글라스는 어떤 것이 좋은가요? 172
Q234. 와인 글라스 종류에는 어떤 것이 있나요? 173
Q235. 와인을 마실 때 와인을 글라스에 얼마나 채우면 되죠? 173
Q236. 샴페인을 포함한 스파클링 와인도 반 잔을 넘지 않게 채워야 하나요? 174
Q237. 테이스팅 글라스는 무엇인가요? 174
Q238. 와인 글라스 세척은 어떻게 하나요? 175
Q239. 글라스는 어떻게 보관하나요? 175
Q240. 와인 글라스는 어떻게 운반하는 것이 좋은가요? 176

247

제4부

Q241. 와인 리스트는 어떤 구성으로 되어 있나요?   181
Q242. 리스트에서 맨 앞에 있는 번호는 무엇을 의미하나요?   182
Q243. 연도가 적혀 있는 것은 무엇을 의미하나요?   183
Q244. 와인 이름은 어떻게 불러야 하나요?   183
Q245. 레스토랑에서 와인의 가격은 어떻게 정하나요?   183
Q246. 가장 경쟁력 있는 가격대는 어떻게 알 수 있나요?   184
Q247. 와인 리스트의 순서는 어떻게 정해지나요?   184
Q248. 리스트에 있는 RP, WS 등의 약자는 무엇을 의미하나요?   185
Q249. 하우스 와인(House Wine)은 어떤 와인인가요?   185
Q250. '프로모션 와인'이란 무엇인가요?   186
Q251. 레스토랑에는 와인 리스트에 나와 있지 않은 와인도 있나요?   186
Q252. 모임에서 와인은 누가 주문하나요?   187
Q253. 호스트는 누구를 말하나요?   187
Q254. 다른 손님에게 와인 주문을 부탁해도 실례가 아닌가요?   190
Q255. 호스트도 손님도 와인을 잘 모를 때 누구에게 도움을 청하죠?   190
Q256. 와인은 언제 주문하는 것이 좋을까요?   190
Q257. 음식을 먼저 정하나요? 와인을 먼저 정하나요?   191
Q258. 여러 종류의 와인을 주문할 때 무엇부터 정하는 것이 좋은가요?   191
Q259. 각각의 와인은 어떤 음식에 곁들여 마셔야 하나요?   192
Q260. 글라스 와인을 시키면 실례인가요?   192
Q261. 글라스 와인은 어떤 때 주문하면 되나요?   192
Q262. 글라스 와인을 주문할 때 주의할 사항이 있나요?   193
Q263. 와인을 그만 마시고 싶을 때에는 어떻게 하면 되죠?   193
Q264. 어느 정도 가격대의 와인을 주문해야 하나요?   194
Q265. 와인을 얼마나 주문해야 하나요?   194
Q266. 와인을 몇 종류나 주문하면 되나요?   194
Q267. 이 많은 와인을 한꺼번에 다 주문해야 하나요?   195
Q268. 스파클링 와인과 화이트 와인 꼭 마셔야 하나요?   195
Q269. 와인을 주문할 때 손님 앞에서 와인 가격을 말하는 것은 실례인가요?   196
Q270. 소믈리에에게 와인을 추천해달라고 부탁할 때, 원하는 와인의 가격대를 어떻게 알아차리게 하면 되나요?   197
Q271. 와인 가격을 깎아도 되나요?   197
Q272. 집에 있는 와인을 레스토랑에 가져가고 싶은데 실례는 아닌지요?   198
Q273. 코르키지가 가능한 곳인지를 어떻게 알 수 있나요?   199
Q274. 와인은 몇 병까지 가져갈 수 있나요?   199
Q275. 어떤 와인을 가져가야 하나요?   199
Q276. 코크키지 와인은 스스로 따라 마셔야 하나요?   200
Q277. 와인을 가져갈 때 음식은 어떻게 시켜야 하나요?   200
Q278. 코르키지 피가 무엇인가요?   201
Q279. 코르키지 피를 저렴하게 낼 방법이 있나요?   201
Q280. 코르키지 피는 반드시 현금으로 내야 하나요?   202
Q281. 가져간 와인과 같은 것으로 교체해 달라고 요구할 수 있나요?   202

Q282. 와인 행사에는 어떤 것이 있나요?　203
Q283. 어떻게 하면 그런 행사에 참석할 수 있나요?　203
Q284. 와인 갈라 디너와 와인 메이커스 디너는 어떤 행사인가요?　204
Q285. 와인 박람회는 어떻게 진행되나요?　205
Q286. 박람회에서는 어떻게 테이스팅을 하는 것이 좋은가요?　205
Q287. 박람회나 시음회 참여 시 좋아하는 와인을 계속해서 마셔도 되나요?　205
Q288. 박람회나 시음회 참여 시 받은 와인은 다 마셔야 하나요?　206
Q289. 박람회나 시음회 참여 시 와인을 테이스팅할 때마다 글라스를 바꿔야 하나요?　206
Q290. 시음 노트는 어떻게 쓰나요?　207

홍재경의 와인 클래스

1판 1쇄 발행일 2011년 10월 25일
1판 3쇄 발행일 2014년 11월 30일
 ◆ 지은이 | 홍재경
 ◆ 펴낸이 | 임왕준
 ◆ 편집인 | 김문영
 ◆ 펴낸곳 | 이숲 ◆ 등록 | 2008년 3월 28일 제301-2008-086호
 ◆ 주소 | 서울시 중구 장충동 1가 38-70(장충단로8가길 2-1)
 ◆ 전화 | 2235-5580 ◆ 팩스 | 6442-5581
 ◆ 홈페이지 | http://www.esoope.com ◆ 블로그 | http://esoope.blog.me
 ◆ ISBN | 978-89-94228-26-6 13590
 ⓒ 홍재경, 이숲, 2011

 ◆ 이 책은 저작권법에 따라 보호를 받는 저작물이므로 무단전재와 복제를 금지하며, 이 책 내용의 전부 혹은 일부를 이용하시려면 저작권자와 이숲의 서면동의를 받아야 합니다.
 ◆ 이 도서의 국립중앙도서관 출판시도서목록(CIP)은 e-CIP홈페이지(http://www.nl.go.kr/ecip)와 국가자료공동목록시스템(http://www.nl.go.kr/kolisnet)에서 이용하실 수 있습니다.(CIP제어번호: CIP2011004051)